U0586123

2024 年第二辑（总第 009 辑）

贵州大学学报编辑部 / 编

学术与实践

ACADEMICS AND PRACTICE

（基础教育专辑） 邓小玲 梁丹娜 / 主编

贵州大学出版社
Guizhou University Press

· 贵阳 ·

图书在版编目（CIP）数据

学术与实践.2024年.第二辑/贵州大学学报编辑
部编;邓小玲,梁丹娜主编.--贵阳:贵州大学出版
社,2024.9.--ISBN 978-7-5691-0934-4

Ⅰ.G649.21-53

中国国家版本馆CIP数据核字第2024DT0739号

学术与实践（2024年第二辑）

ACADEMICS AND PRACTICE

编　　　者：贵州大学学报编辑部

出 版 人：闵　军
责任编辑：赵广示　韦　霞
封面设计：陈　丽
排版设计：方国进

出版发行：贵州大学出版社有限责任公司
　　　　　地址：贵阳市花溪区贵州大学东校区出版大楼
　　　　　邮编：550025　电话：0851-88291180
印　　刷：贵阳精彩数字印刷有限公司
开　　本：787毫米×1092毫米　1/16
印　　张：8.5
字　　数：145千字
版　　次：2024年9月第1版
印　　次：2024年9月第1次印刷

书　　号：ISBN 978-7-5691-0934-4
定　　价：36.00元

目 录
CONTENTS

001 小学道德与法治课程的教学策略 / 文仕辉

005 "双减"政策背景下优化作业以激发学生学数学的兴趣 / 黄国梅

009 "双减"政策背景下如何提高小学六年级数学作业质量 / 杨光恒

013 绕过鸡兔同笼问题的"温柔陷阱" / 杨胜光

017 "双减"政策背景下的作业改革与实施策略 / 张兰丽

022 "双减"政策背景下群文阅读课型及教学策略探究 / 张玉瑾

028 浅谈小学语文家庭作业习作中的"美" / 方 丽

032 如何让学生爱上写字 / 李 辉

037 "双减"政策背景下如何培养小学低学段学生的朗读能力 / 欧忠梅

043 "双减"政策背景下小学语文作业分层设计策略探究 / 冉秀芸

047 "双减"政策背景下后进生的成因和转化对策 / 邰光莉

051 "双减"政策背景下小学语文核心素养导向的作业设计与实施研究 / 邰再旋

056 "双减"政策背景下小学语文文言文群文阅读教学实践 / 杨小燕

060 小学中学段语文家庭作业的问题及优化措施 / 张海平

064 集团化办学提高小学教师队伍建设水平的策略与实践 / 梁丹娜

094 妙用数学文化主题活动提升小学生的思维品质 / 邓小玲

102 基于 PBL 的小学语文教学设计思路探究
　　　　——以五年级上册第三单元为例 / 汤 瑞

115 STEAM 教育理念在小学教育中的贯彻思维分析 / 赵 雪

119   组织积极的语言实践活动
           ——以《花钟》一文的第二课时教学为例 / 王　璐
123   论提高小学低学段学生字词学习能力的有效方法 / 汪　杨

127   投稿须知
129   常见参考文献著录格式

小学道德与法治课程的教学策略

文仕辉

（贵州省台江县城关第三小学）

摘　要： 小学时期是孩子步入学校的重要阶段，是一生的关键时期。孩子在小学时期，不仅掌握知识是关键，道德与法治观念更需要增强。小学时期的道德与法治课程不仅可以增强孩子的道德意识，还可以促进孩子的成长。随着教学改革的开展，小学教师对道德与法治课程有了全新的理解，从学校基本情况入手，制定了教学策略，以提高课程的实效性。

关键词： 小学生；道德与法治课程；教学策略

一、前言

培育学生的道德素质与法治观念是学校的重点教学工作，道德与法治课程能够有效地培养小学生的品德，并增强他们对法治和法律的认识。本文结合目前学校道德与法治课堂工作的教育现状，对社会主义核心素养下的课堂工作开展情况做出以下总结。

二、小学道德与法治教学中的不足

（一）教学方式过于单一化

老师的教学方式会对学校道德与法治教学的质量与效益产生直接的影响。在实际教学过程中，由于许多老师习惯性使用灌输性的教学方式，自顾自地讲授理论知识，缺乏和学生的良性互动，致使课堂气氛沉闷。

（二）教学理念滞后

在新一轮教学改革背景下，教育理念也进行了更新。然而，在当前的小学教师队伍中，有不少年纪大的教师，其授课时运用的传统教育理念早已在学生的思维中深深地扎根，这很可能成为学校提高教学质量的阻碍。

（三）教学评价不到位

现阶段，在道德与法治课程的教学中，部分教师在对学生的成绩进行评价时，将学生的卷面成绩作为主要的评判指标，忽视了学生的学习态度及其他方面的能力，由此造成评判结果片面化。在课堂中，教师对学生掌握知识点的情况模糊不清，根本无法进行针对性教育。

三、道德与法治课程教学研究

（一）教师需要更新教育理念，注重引导学生在课堂上高效学习

教师引导学生掌握学习方法比单纯教授知识点更为高效，只有当学生完全掌握了学习方法，才能真正提高学习效率。同时，教师也要改变教学理念，可以让学生自己去学。在平时的教学中，教师要引导学生全面了解基础知识，并帮助学生掌握学习知识的方法，从而协助学生建立全面系统的知识观念。教师也要创新课堂理念，在授课中要为学生营造轻松、快乐的学习氛围，为学生创造更加自由的学习空间，给学生充裕的自主学习时间，并适当地鼓励其自主学习。一般常规的课堂教学方法，都是教师讲解，学生只参与听，他们不能独立思考，都是等着教师教授现成的知识，一直处于被动学习的状态。这次我们要全面颠覆以往的教育思想与方式，全面改善学生被动学习的情况。教师应从学生基础知识的掌握情况入手，根据他们掌握的基础知识，设计疑问、提出疑问，培养他们自主思考、独立理解的能力，让他们的思维越来越开阔。

（二）教师应贯彻"以生为本"的思想，创造轻松愉快的教学环境

现代化教学思想强调把学生作为课堂的"主人"，而教师也应明确学生的定位，把学生作为教学的主体，培养他们成为全面健康的、对社会发展有益的少年。"以生为本"的教育理念，首先要求教师转变教学思想，逐步转变以自我为中心的教学方法；其次注意时间与方式，在课堂上掌握学生的知识动向，通过各种手段营造愉快的课堂氛围。在新形势下，道德与法治课程的老师要重新构建起新的教学模式，不断地创新授课方式，从而探究出更加合理的课堂策略。学校要采取相应的举措对教育环境和教育流程加以优化，从而提高教育的整体品质。课堂教学的内涵、课堂教学的环境和课堂教学的目标都要求老师建立起完整的课堂理念。教师要全面地了解和分析学生，让他们能够更好地学习德育、法律知识，让他们成为全面发展的人才，成为有益于社会的人才。

（三）教师要从学生的实际情况出发，优化教学方法

要想更进一步地提高学校道德与法治课程知识的传授效果，就必须全面地了解学生的学习状况，持续地革新学校现有的教学方法，并对教学流程加以完善，以此激发学生的学习兴趣。学生在课堂中对专业知识的累积也是十分重要的，学生只有投入其中才可能激发出更多的探究欲望，也才能进一步地激发学生对课堂的新鲜感，从而培养学生的创造力和实践技能。课堂的留白，在最近几年的学校教育实践过程中是一种行之有效的教学方式，现已得到了较全面的普及与应用，同时也取得了一定的教育成效。在教学过程中，教师并没有一味地给学生灌输书里的内容，而是为他们提供了思考的空间，使他们对知识点进行更深入的探究和理解，这也是学校对传统教学方法最大的突破。通过这样的教学设计，在学校的道德与法治课程中，我们可以使教学效果获得很大的提高，学生在思考问题的过程中能调动自身的想象力，突破自身特定的思维习惯，寻找比较科学的回答，从而提高他们的社会实践水平与研究水平。

（四）教师要巧用多媒体，丰富教学内容

道德与法治课程的教学内容比较复杂，知识点细碎，如果教师只是通过口头介绍，学生则很难深刻地记住有关教学内容。另外，在教学过程中，学生更喜爱生动有趣的课堂教学内容。为适应学生的需求，老师要积极利用各种教学工具。例如：运用多媒体技术，充实课堂教学内容，把课本中的重要知识点直观地呈现在学生眼前，从而调动学生的视听感官，激发学生的学习兴趣。因此，在学习《可爱的动物》一文时，由于教材内容的局限性，如果老师只对教材内容进行讲解，课堂就会变得乏味无趣，导致学生失去听课的兴趣。为充实内容，老师可以使用多媒体设备在课前给学生观看自然界中的小动物，使学生通过视频更直观地体会动物的可爱与珍贵。观看了视频以后，教师可以利用幻灯片介绍动物的基本形象，如眼睛、鼻子、尾巴、嘴等，然后让学生通过看到的部位猜一猜属于哪一种动物，接着再给学生解释这种动物都有哪些特征，经过这样的猜谜游戏，学生对动物的形象更熟悉，进而增强对小动物的感情。教师还可以播放部分动物被人类伤害的录像和照片，使学生知道随意伤害动物的做法是不对的，培养他们保护动物的意识。

（五）教师负责引导孩子参加各种社会活动

陆游在《冬夜读书示子聿》一诗中曾

说过："纸上得来终觉浅，绝知此事要躬行。"对于学习书籍的理论知识也是这样，如果单纯掌握书籍的理论知识，不进行运用，也不进行实践，就很难领悟其真意。唯有把理论教育和实践教学相结合，才可以使学生真正学以致用。教师可以引导学生设计与书籍理论相关的游戏，在游戏中讲授理论，寓教于乐，从而真正使学生爱上学习。教师也可以引导学生思索怎样把游戏和课文相结合，从而提高学生的主动性与创新性，使学生在独立思考中获得满足感和自信，进而带动学生自觉地参加各类社会实践活动，为社会贡献一份力，让学生感受到自己对社会的价值，也体会到自己是能对社会有所帮助的，并以此培育学生贡献社会、回馈社会的优秀品格。

四、结语

总而言之，在当今的时代发展中，提高个人的基本素质是每位公民应尽的责任。学生是国家之花，是朝阳。道德与法治观念的培养应从小学阶段进行，以此提高每位小学生的个人素质。通过对学生进行全方位的教育，使其能够得到全方位的发展。在道德与法治的教学中，教师要坚持新的教学思想和政策，转变传统的教学方式，因材施教，要充分发挥学生的主体性，使他们在学习过程中，能够不断地扩展自己的思维，从而提高他们的求知欲。这不但奠定了学生学习各种专业知识的基础，而且还培养了学生的健康品格，提高了学生的素质。

参考文献

[1] 陈芳. 开展实践活动 培养品德少年：基于实践的小学道德与法治教学思考 [J]. 教师，2018（6）：12-13.

[2] 陈青. 关于小学品德与社会学科教学中法制教育的研究 [J]. 课程教育研究：学法教法研究，2019（21）：80.

"双减"政策背景下优化作业以激发学生学数学的兴趣

黄国梅

（贵州省台江县城关第三小学）

摘　要："双减"政策落地，要求小学低学段不布置书面作业，这对数学教师来说是一个挑战。小学低学段学生没有书面作业，怎么激发学生学习数学的兴趣呢？所以在给学生布置非书面作业时，教师应对作业进行有效优化，作业要趣味化、个性化、层次化、适量化、多样化、创新化，以此激发学生学习数学的兴趣。

关键词："双减"政策；优化作业；学习兴趣

"双减"政策落地，要求小学低学段不布置书面作业，这对数学教师来说是一个挑战。数学教师要在课堂上充分利用好40分钟这一宝贵时间。小学低学段学生没有书面作业，怎么激发学生学习数学的兴趣呢？所以在给学生布置非书面作业时，教师要改变以往的作业模式，对作业进行有效优化，以确保没有书面作业也能激发学生的学习兴趣。教师可以从以下几个方面对学生的作业进行优化。

一、作业要趣味化

有趣的事物人人都想做，无趣的事大家都不想做，小学低年段的学生一般都想做有趣的事情，教师可以抓住学生的这种心理特征，不布置机械重复的作业，把作业优化得生动有趣。例如：把二年级数学上册的笔算加减设计成"小白兔采蘑菇"和"小鸡找妈妈"的小故事，把问题融入故事情节中；把乘法口诀设计成"开火车"游戏，让学生边用双手表示边读出乘法口诀；把认识时间的教学内容编成小故事，让学生边讲故事边读出钟面上的时间。学生在乐中做、乐中学，自然对学习就有了兴趣，思维就活跃了起来，他们就会积极主动地去完成作业，学习成绩也会上升。

二、作业要个性化

由于每位学生的基础不同，针对不同的学生布置适合的作业，学生就会有不同程度的成长，也能有效掌握自己学到的知识。给聪明的学生布置高思维、高难度的作业，对他来说是一种激励，例如：一个小球从高空落下，每次弹起的高度是落下高度的一半，即它从 4 米高的地方落下，就会弹到 2 米高的地方，若将这个小球从 8 米高的地方落下，第三次弹起的高度是多少米？1—9 按从大到小的顺序排列，并添上一些"+""-"符号，使计算的结果等于 100，每人最少做出 5 种不同的算式。让学生结合一个算式 15+7-6，编成一个图文结合的数学小故事，并算出结果。给聪明的学生布置高难度的作业，他们就不会因为作业简单而觉得数学无趣，能很好地调动这部分学生学习的积极性，开动他们聪明的大脑，培养他们的思维能力。给中等的学生布置课本中的基础性作业，如笔算加减等基础题。给学困生布置稍简单的作业，如简单的计算。如某班的学生 1 在我的数学课上从没拿过练习本，我以为他不

会数学计算，"课服"时，我发现他做计算题只写结果，并且都是对的，我以为是他抄袭来的，又让他写竖式计算，没想到竟对了一些。于是我开始给他布置竖式计算题，开始是两道题，然后四道题、八道题，他做得都很好。后来给他布置加减混合计算，如果计算对了，适当给他玩智力小游戏，玩一次数学华容道，玩一次汉诺塔，现在他对数学很感兴趣，数学课上不打闹、不说话了，认真听课，认真做题。还有一位学生 2，课上做计算练习时，他一个字都不写，我以为他是智力障碍儿童，不会写、不会计算。有一天我给学生 1 出题做，他看到我表扬了学生 1，他也想要我表扬他，主动要求我出题给他做，结果他都做对了，我表扬了他。得到表扬后，他对学习数学产生了浓厚的兴趣，学习态度发生了 180 度的大转变，学习积极主动，平时作业也按时完成。诸如学生 1 和学生 2 的情况比比皆是，依据学生个体基础布置合适的作业，以巩固学习成果，使学生逐步提升，进而建立起学习数学的信心。看到他们一点一点地进步，作为教师的我感到高兴、幸福。

三、作业要层次化

由于家庭情况不同，家长对孩子学

习的重视程度也不同，加上学生自身因素，学习数学的能力也各有不同。一个班里，有些学生学得快、"跑得快"，就要让这部分学生"跑"得更远；有些学生学得慢、"跑得慢"，就让这部分学生找到前进的方向。因此，把学生分入不同层次的小组，结合小组成员的学习能力，分配相应难度的作业，这样既能满足小组的特定需求，又能激发学生各自的独特思考，锻炼其思维能力，促使他们在各自水平上获得提升。对于智商高、学习好的学生，基础性作业他们没几下功夫就做完了，所以要给他们布置些高思维的作业。如出一个混合计算题，让他们根据题目编数学小故事，以他们聪明的头脑，很快就能完成这项作业。教师应根据学生的阶段表现对学生的分组进行优差调整，让他们多交流，让"跑得快"的孩子带动"跑得慢"的孩子一起"跑"，在作业总量和作业难度上给学生一些自主的空间，这样有利于不同层次学生的个性发展和全面发展。

四、作业要适量化

作业不能布置得过多，也不能布置得过少，结合授课内容，布置适量的作业，达到巩固课堂所学知识和技能的目的。如100以内的加减法，一步竖式的题布置8

道，两步竖式的题布置4道，解决问题的题布置两道。解决问题的作业要求理解题意并讲出解答思路，达到巩固所学知识的目的即可。如果作业量过多，不仅违背了"双减"政策，也加重了学生的作业负担。教师在布置作业的时候也要和同班的不同学科教师进行沟通，总的作业量要合适。作业适量，学生不觉得累才愿学习。

五、作业题型要多样化

结合小学低学段学生的特点，作业可以围绕读、画、做、找、用五个方面来布置。

（一）读一读

读数学题、乘法算式、乘法口诀、数学家的小故事等。

（二）画一画

画乘法口诀手抄报。画不同方向的直角，不同大小的锐角、钝角；画线段，教师说线段的长度，让学生根据长度画线段。画解决问题的线段图，如小明有18张邮票，小丽有35张邮票，小丽比小明多多少张邮票？他们俩一共有多少张邮票？画各种时刻的钟表，画单元知识的思维导图。学生在画中学，在学中画。

（三）做一做

让学生动手做一个会动的钟表，培养学生动手的能力。让学生用两个相同的三角尺摆一摆直角、锐角、钝角,看有多少种不同的摆法,巩固直角、锐角、钝角的知识。

(四)找一找

让学生在平时的生活中找一找与数学有关的事例。

(五)用一用

让学生在生活中用一用加法、乘法,如去超市买水和笔一共多少元?就用到加法;一瓶水 2 元,买 5 瓶多少元?就用到乘法。

作业的多样化,让学生觉得学数学是有趣的,越学越想学,激发学生学习数学的欲望。

六、作业要创新化

在以前,教师为了巩固学生的加减法知识而布置大量的计算题,为巩固乘法口诀而布置抄写乘法口诀的作业,学生忙着算,忙着抄写,作业多、重复、机械化,学生就会感到学习数学是多么的无趣。因此,教师要适量布置一些有创新性的实践作业。学到 100 以内的加减法时,让学生结合算式写一写计算过程;学乘法时,让学生写一写乘法的含义,如:3×5 不仅表

示 5 个 3 相加,也表示 3 个 5 相加。让学生在作业本上画一画,3 个苹果为一组,画 5 组,加法算式为 3+3+3+3+3,还可以画 5 个苹果为一组,画 3 组,加法算式为 5+5+5。学生便能明白乘法是加法的一种简便运算。学生用不同的方法记住乘法口诀,不用重复抄写。学到角时,教师可以带着学生到学校操场上寻找生活中的数学角。作业有创新,学生自然也愿学数学。

总之,作为教师,我们应持续深入学习课程目标,要行而不辍,不断创新实践,探索更多优化作业的方案,提高作业的实效性,以不同形式的作业激发学生的学习兴趣。我们要使每位学生都能获得良好的数学教育,让不同的学生在数学上得到不同的发展,培养学生的核心素养。我们要认真落实"双减"政策,减轻学生作业负担,让学生在轻松愉快的学习环境中学到更多的知识,把学生培育成对社会有用的人才。

参考文献:

[1] 王录义.巧减妙设提质,优化作业设计 [J].河南教育(教师教育),2022(5):72.

[2] 何建义.小学数学作业设计的策略探讨 [J].亚太教育,2019(9):93.

[3] 李楠楠,戴莹.浅析小学数学作业设计 [J].科教导刊,2016(31):109-110+165.

"双减"政策背景下如何提高小学六年级数学作业质量

杨光恒

（贵州省台江县城关第三小学）

摘　要： "双减"作为当前教育新政，对小学数学作业提出了更加严格的要求，不仅要减少作业的量，还需要保证作业的质，确保作业能够成为小学数学核心素养培育的重要辅助工具，这对于小学数学教师来说是一项比较大的挑战。本文从小学六年级数学教学的角度，对"双减"政策背景下小学六年级数学作业质量提高的相关问题进行归结，旨在促进"双减"政策能更好地贯彻落实到小学六年级数学教学实践中。

关键词： "双减"政策；小学六年级；数学作业

"双减"作为当前的教育新政，对小学数学作业提出了更加严格的要求，不仅要减少作业的量，还需要保证作业的质，确保作业能够成为小学数学核心素养培育的重要辅助工具，这对于小学数学教师来说是一项较大的挑战。本文从小学六年级数学教学的角度，对"双减"政策背景下小学六年级数学作业质量提高的相关问题进行归结，旨在促进"双减"政策能更好地贯彻落实到小学六年级教学实践中。

当前，很多小学数学教师都在尝试将"双减"理念融入实际教学中，以确保数学作业设计格局得到改善。尤其对于小学六年级的数学教师，作业设计需兼具精准性、灵活性及个性化。对此，小学数学教师必须要做好充足的准备，并且在数学作业设计上进行更多的创新。

一、"双减"政策对于小学数学作业设计的诉求分析

"双减"政策明确要求小学数学作业设计需要控制时间，缩减教培和作业的时间，确保学生能够回归数学课堂，进入到数学

核心素养的培育格局中去。关于小学数学作业，人们希望它能够进入提质增效的状态，改变以往粗放化的作业模式，无论是一刀切的作业，还是题海战术的作业，都不能再次出现，要确保在短时间的数学作业完成过程中，学生的数学知识技能和素养能够协同发展。

二、"双减"政策下小学六年级数学作业质量提高策略

提高作业质量，是在遵循数学教学目标和学情的基础上，在短时间的作业任务中帮助学生更好地掌握数学知识，锻炼数学技能，提高数学素养。很明显，这是一个提质增效的过程，对于小学六年级的数学教师而言，要将此作为新的挑战，作为数学教学改革中的重要工作来进行，继而切实地将"双减"政策贯彻落实到实际的教学中去。

（一）以控量为基础，优化数学作业设计

"双减"政策要求小学数学作业的量要控制在合理的范围内，确保学生在相对轻松的状态下完成数学作业。对于小学六年级的数学教师而言，就需要合理地控制数学作业的量，既能确保巩固课堂学习成果，又不至于给学生带来精神的压迫感。

为此，小学数学教师在完成作业设计工作的时候，可以尝试自己做题，记录做题的感受和时间，在此基础上对作业进行合理的优化。也就是说，教师需要从题目、题型、作业布置方式、学生学情、作业时间等多个角度思考，继而生成对应的小学数学作业方案。

（二）结合目标设计作业

作业是教学的一部分，作业的目标与特点也应根据教学内容的不同而有所变化，以此保证作业设计的有效性和适宜性。因此，教师在小学六年级数学作业设计方面，应根据教学目标的安排与需求，引入不同类型的作业，如课前作业、课堂作业、课后作业等，使学生在独立思考、自主学习中有所收获、有所成长。

例如，在《泰山古树——计算器》的教学中，教师可从三个方面设计作业，以此加强学生的认知。

第一阶段，课前作业。①旧知链接。计算 $80-20\times3$、$60\div(2\times5)$、$2\times(40-32)$。 ②新知速递。说一说你对计算器的了解，尝试用计算器计算 $94-52$、32×44、$548+42\times21$。该阶段主要让学生对计算器产生初步认识，以便下一阶段的学习与运用。

第二阶段，课堂作业。解决问题：一头成年长颈鹿的身高为 520 厘米，一头长颈鹿幼崽的身高为 197 厘米，两者的身高

相差多少厘米？某超市做活动，一箱牛奶28元，购买26箱牛奶需要多少钱？该阶段主要训练学生对计算器的使用，并体会数字计算与实际生活的紧密联系。

第三阶段，课后作业。①基础训练。用计算器计算2748×(120+244)、(2159+447)×32、8722÷89×45。②拓展提高。某商店打折促销，电脑3980元/台、摄像机1258元/台、电视机2560元/台、照相机1549元/台、投影仪890元/台，若全部购买，需要多少钱？结合题目信息，运用计算器进行计算。③发散思维。在方框内填符号：45□37=1665、996□579=1575、2574□78=33。

（三）根据功能设计作业

作业在教学活动中具有三大功能：巩固延伸、培养发展及交流反馈。部分教师在作业设计时往往过于注重巩固延伸的功能，缺乏对其他功能的设计与思考，导致学生陷入题海战术、机械训练的困境，既影响学习效率，又阻碍主体发展。因此，在小学六年级数学作业设计中，教师应从作业功能上进行深度挖掘，以此提高学生的学习能力和思维意识。

例如，在《小数的意义和性质》的教学中，教师可根据三大功能进行作业设计。第一，巩固延伸。该功能作为作业的基础功能，教师应避免重复性、机械性的"题海"作业，要针对学生的实际需求设计习题，如"一把尺子长20厘米，是（　）米""小数都比整数小（×/√）""0.09米是1米的9/10（×/√）"等。第二，培养发展。数学是一门具有较强逻辑思维的学科，对学生的智力培养具有重要意义，对此，在作业设计中，教师应注重提高学生的综合能力，培养学生的思维力、观察力及操作能力。第三，交流反馈。及时了解和掌握学情是教师开展教学活动的关键，教师为学生设计合适的作业，有助于实现查漏补缺、优化整改的目标，如"小数读写""根据小数填涂颜色"等，使学生在知识运用及认知理解方面得到提升。

（四）贯穿知识设计作业

针对学生的疑难问题或易错要点进行作业设计，一方面可以提高学生的学习质量，巩固他们的基础知识，另一方面可以帮助学生更高效地克服思维障碍，发挥作业的真正作用。因此，在小学六年级数学作业设计中，教师应从主体认知入手，遵循规律、贯穿知识，帮助学生发现知识联系，形成知识体系。

例如，在《小数除法》的教学中，教师可以根据各模块的知识要点进行作业设计。例如：为使学生了解"除数是整数的小数除法"的知识点，教师可设计一些限时计算题，以此保证学生的理解与掌握；为加强学生四则混合运算的能力，教师可以设计一些自主练习作业，例如：$4.8×12-4.8×2$，$(51.5+60.5)×35$，说一说 $[113-(3415+3825)]÷2$ 的运算顺序等，这些练习作业不仅能帮助学生进一步明确括号算式的运算顺序，还能锻炼学生的运算技巧，感受混合运算的应用价值。

总之，在"双减"政策背景下，教师需要重新认识和审视数学作业的价值，结合小学六年级学生的学习能力、身心特点及兴趣爱好等因素，科学合理地设计作业，以学生喜闻乐见的方式呈现出来，这样才不会使学生产生无聊、厌烦等情绪，将作业的质与量充分结合起来，提高学生的作业效率，在作业中培养学生的兴趣爱好及数学思维，并提高学生解决问题的能力。

参考文献：

[1] 陈玲 . 减负高质，练出精彩：浅谈小学数学有效作业设计的策略 [J]. 读写算（教育教学研究），2014（38）：145-146.

[2] 吴应松 . 激情先行慢中求快：浅谈如何提高小学数学教学质量 [J]. 安徽教育科研，2021（7）：35-36.

[3] 戴文 . 优化小学数学课堂教学，提高小学数学教学质量 [J]. 数学学习与研究，2020（27）：152-153.

绕过鸡兔同笼问题的"温柔陷阱"

杨胜光

（贵州省台江县城关第三小学）

摘　要：鸡兔同笼问题是一道非常简单有趣的小学数学题，但是有些学生在用方程解答鸡兔同笼问题及其拓展延伸题时就容易掉进"陷阱"，设未知数就是个"温柔的陷阱"，到底设谁为 x 才能避免掉进"陷阱"。笔者写这篇文章的目的就是让学生跳出"陷阱"，并把这个办法推广到鸡兔同笼问题的延伸题目里面去。

关键词：鸡兔同笼；方程；设未知数；系数；推广

一、经典古题重现

我国数学名著《孙子算经》中记载了这样一道著名的数学趣题："今有雉兔同笼，上有三十五头，下有九十四足，问雉兔各几何？"这就是鸡兔同笼问题，也是小学四年级学生要学习的一个重要内容。这道数学趣题的意思就是：有若干只鸡和兔被关在同一个笼子里。从上面数，有 35 个头，从下面数，有 94 只脚。问鸡和兔各有几只？对于这道经典的古代趣题，古人用假设法解决。具体步骤如下：

①假如让鸡抬起一只脚，兔子抬起两只脚，还有 94÷2=47 只脚。

②这时每只鸡一只脚，每只兔子两只脚。笼子里只要有一只兔子，则脚的总数就比头的总数多 1。

③这时脚的总数与头的总数相差 47-35=12，也就是兔子的只数。

上面的假设解法非常经典，这种假设解法是《孙子算经》中记载的方法。古人给出了一种一般解法的公式：兔数 =（总脚数 - 每只鸡的脚数 × 总头数）÷（每只兔的脚数 - 每只鸡的脚数）。当教师让学生解释按公式计算的每一步原理时，学生却显得十分茫然。单从这个公式本身来看，即使让我们成年人去记忆和理解都会感到困难，何况一位四年级的学生。当我们学习了方程后，用列方程来解答，我觉得简单了很多。因为兔头＋鸡头＝35，所以设兔的只数是 x，即鸡的只数就是 $(35-x)$。根据一只兔子有 4 只脚，x 只兔就应该有 $4x$ 只脚。一只鸡有 2 只脚，$(35-x)$ 只鸡就应该有 $2\times(35-x)$ 只脚。现在已知鸡和兔的脚总共 94 只，因此，列出方程：

$$4x+2\times(35-x)=94$$
$$解：4x+70-2x=94$$
$$2x=94-70$$
$$2x=24$$
$$x=24\div2$$
$$x=12$$

鸡：$35-x=35-12=23$（只）

这种思路清晰明了，学生容易理解。但在实际解题时，有的学生一会儿设兔子的只数为 x，一会儿又设鸡的只数为 x。当学生设鸡的只数为 x 时，兔的只数就是 $(35-x)$ 只，列式：$2x+4(35-x)=94$，这样设未知数、列关系式的思路同样也是清晰明了的，容易理解。虽然设兔子的只数为未知数 x 或者设鸡的只数为未知数 x，在方法、原理、思路、理念、效果上是一模一样，两种都是对的，但是学生设鸡的只数为 x 时，兔的只数就是 $(35-x)$，列式：$2x+4(35-x)=94$，当学生算到 $2x+140-4x=94$

时就蒙了，不会做了，这是什么原因呢？这是因为在计算的过程中出现了负数的运算，即 $2x-4x$，自然就计算不出来了。虽然，小学阶段已经学习了负数，但仅仅是在认识的层面上，还没有学习负数的运算，负数的运算在初中才学习。如果现在小学就学习了负数的运算，那解答对于学生来说太简单了，可是现行小学教材没有进一步说明负数的运算，学生自然不会做。当然，我们可以用"等式的基本性质 1"来解答这个方程。即：

$$2x+4(35-x)=94$$
$$解：2x+140-4x=94$$
$$2x+140-4x+4x-2x=94+4x-2x$$
$$140=94+4x-2x$$
$$94+4x-2x=140$$
$$94+2x=140$$
$$2x=140-94$$
$$2x=46$$
$$x=46\div2$$
$$x=23$$

兔：$(35-x)=35-23=12$（只）

用等式的基本性质也可以解开这个方程，但是在原理的理解和计算过程上要难得多、烦琐得多，有很大一部分的学生计算到 $2x+140-4x=94$ 时，就不愿意继续计算，也不愿意深入思考而是选择放弃这道题。有的学生发现计算不出来或觉得计算烦琐时，又重新去设兔子的只数为未知数 x，再计算出结果，这在无形当中给学生带来了新的问题（计算困难、反复尝试设未知数而对用方程解决鸡兔同笼问题的简单解题方法产生怀疑）。鸡兔同笼问题的延伸题目甚多，怎样才能让学生在设未知数的时候少走弯路，一步到位呢？基于此，我浅谈一下解决鸡兔同笼这一系列问题用列方程的方法来解答时应该怎样来设未知数，才能避免出现负数的运算及烦琐计算等问题。

二、绕过"温柔陷阱"

因为在鸡兔同笼问题中，有两个变量，一个是未知数 x，另一个是未知数（总数 $-x$）。而（总数 $-x$）里的 x 处在减数的位置，如果变量（总数 $-x$）的系数 B 比变量 x 的系数 A 大。比如：一只兔子的脚数是 4，一只鸡的脚数是 2，即 A=2，B=4，B>A，那么在计算 Ax+B（总数 $-x$）时，即 2x+4（总数 $-x$）求和运算过程中必定会出现负数的运算。只有变量 x 的系数大于变量（总数 $-x$）的系数（即 A>B）时，才不会出现负数的运算。在这里，我们找到了出现负数运算的原因所在，因为一只兔子的脚数要比一只鸡的脚数多，所以我们要设脚数多的为 x（即兔子为 x 只，这样就保证了 A>B），就

不会产生负数的运算了。

在这里，我们把脚数多的推广为分值多的、面值大的、人数多的、数量多的、重量重的、贵的，等等，将这些所对应的主体设为未知数 x，就不会掉进"温柔陷阱"而出现负数运算和计算烦琐的问题，问题就迎刃而解了，这就是鸡兔同笼问题怎样设未知数的奥秘。只要教师多向学生讲解和演示，学生自然就掌握了。这也解决了无形当中给学生带来的新的问题（计算困难和对用方程解决鸡兔同笼问题的简单解题方法产生怀疑）。

三、鸡兔同笼问题延伸题目的解析

下面我就以几道鸡兔同笼问题的延伸题目为例来解析怎样设未知数的奥秘，从而巩固鸡兔同笼问题方程解题思路。

例 1：杨老师的钱包里有面值 5 元和 2 元的人民币共 35 张，总钱数为 100 元，两种面值的人民币各有多少张？

解析：因为一张 5 元的面值比一张 2 元的面值大，所以设 5 元面值的人民币有 x 张，则 2 元面值的人民币有 (30$-x$) 张，因此，我们可以列出下面的关系式：

$$5x+2(35-x)=100$$

解：$5x+70-2x=100$

$$3x=100-70$$

$$3x=30$$

$$x=30÷3$$

$$x=10$$

于是可以得出 2 元面值的人民币有：$35-x=35-10=25$（张）。

例 2：杨老师带了 37 名同学到台江姊妹广场游玩，共租了 8 条船，每条小船坐 4 人，每条大船坐 6 人，问小船、大船各租了几条？

解析：因为一条大船坐的人比一条小船坐的人多，所以设大船租了 x 条，则小船租了 $(8-x)$ 条，总共有 $37+1=38$ 个人坐船。因此，我们可以列出下面的关系式：

$$6x+4(8-x)=38$$

$$解：6x+32-4x=38$$

$$2x=38-32$$

$$2x=6$$

$$x=6÷2$$

$$x=3$$

于是可以得出小船租有：$8-x=8-3=5$（条）。

例 3：有 100 个人吃了 100 个苹果。大人一个人吃 3 个苹果，小孩 3 个人吃一个苹果。求大人、小孩各有多少个人？

解析：小孩 3 个人吃一个苹果，那么一个小孩就吃 $\frac{1}{3}$ 个苹果，因为一个大人吃 3 个苹果比一个小孩吃 $\frac{1}{3}$ 个苹果要多，所以

设大人有 x 人，则小孩有 $(100-x)$ 人，因此，我们可以列出下面的关系式：

$$3x+\frac{1}{3}(100-x)=100$$

$$解：3x+\frac{100}{3}-\frac{x}{3}=100$$

$$\frac{8}{3}x=\frac{200}{3}$$

$$x=\frac{200}{3}÷\frac{8}{3}$$

$$x=25$$

于是可以得出小孩有：$100-x=100-25=75$（人）。

综上所述，我们只要将脚数多的、分值多的、面值大的、人数多的、数量多的、重量重的、贵的等这些所对应的主体设为未知数 x，就可以避免掉进"温柔陷阱"而出现负数运算和计算烦琐等问题，我们就这样找到了设未知数的关键所在而跳出了"温柔陷阱"。这样，学生在用方程解决鸡兔同笼问题时就得心应手了。我相信学生理解掌握了怎样设未知数的方法后，他们会更加喜欢用方程来解决鸡兔同笼问题，这有助于他们以后在其他的数学问题上用方程来解决问题，比如工程问题、盈亏问题等。

参考文献：

[1] 郑君文. 鸡兔同笼 [J]. 数学大世界（小学三四年级版），2015（7）：68-71.

"双减"政策背景下的作业改革与实施策略

张兰丽

（贵州省台江县城关第三小学）

摘　要："双减"政策有助于减轻学生课后作业及课外培训负担，让学生有时间走向多元的社会生活。教师如何利用好课堂时间，高质量地完成课程教学，成为当前教师的研究重心。本文将以笔者所任教的学校为研究对象，以数学学科的教学为案例进行实践分析，并运用相关的教育教学理论，构建合理的课堂教学模式。

关键词："双减"政策；作业改革；数学学科；实施策略

一、背景

（一）政策

2021 年 7 月，中共中央办公厅、国务院办公厅印发了《关于进一步减轻义务教育阶段学生作业负担和校外培训负担的意见》。此次"双减"政策的目的非常明确，就是要让教育回归公益属性，让教育主阵地回到学校，助力高质量教育体系的构建。

（二）学校

笔者所任教的学校，地处苗乡腹地，虽在县城，但大部分学生来自周边村寨或农村进城务工家庭。还有一部分学生是城乡学校合并而转学至此，这一部分学生基本都在学校住校。这是一所城乡结合的寄宿制学校，有教学楼两幢，学生食堂 1 幢，学生宿舍两幢，8 人制足球场 1 个，篮球场两个。全校学生人数约 2000 人，有 36 个教学班，均配备有电子白板。学校还设有录播室、图书室，教学条件非常好。

（三）教师

现有教职工 129 人，一线教师 109 人，高级教师 4 人，县级骨干教师 12 人。

（四）家长

约 80% 的家长长期在外务工，大部分学生属于留守儿童，家庭收入较低。父母由于长期在外务工，陪伴孩子的时间较少，辅导孩子学习的时间就更少了。

（五）学生

90%以上的学生是苗族，其生源质量相比台江县城关第一小学、第二小学稍显不足，但优于一般乡镇学校。此外，学校每年还会接纳一批来自农村的转学生，这些学生的基础往往较为薄弱。

二、存在的问题

①政策的落实情况。政策文件的印发及宣传已经及时到位，但在实际教学过程中，对教师布置的课后作业量的监管仍是一个难点。首先是布置与不布置的选择，若完全不布置，是好还是不好；若布置，又如何评价教师布置作业的作用呢？从2021年开始，确实不允许公布学生成绩与排名情况，甚至小学低年级取消期末考试，换成另外一种考核方式。这与以往的区别在哪？似乎教师不再重视教学成绩，可这样又怎么知道学生到底学会了多少，今后的中考、高考会如何改革呢？另外，小学低年级的学生没有期末考试，其任课教师的工作绩效如何评估？相比高年级的教师，其评估方法又是否公平？因而学生具体学到多少及教师的工作考核等多重因素都会影响政府政策的落实情况。

②学校的硬件配置及管理执行情况。教室多媒体系统的运行状况、实验设备的齐全程度以及打印设施的有效配置和使用权限等学校的硬件条件，都会直接影响教师的课堂教学效率，进而对课后作业的安排产生连带作用。针对教育部的减负文件，学校的执行力度及管理力度有多大？是如何管理的？监管力度加大，学生课后作业的确减少了，但对学生学习的影响有多大？这一系列的因素都会对课后作业的布置产生影响。

③教师是教学活动的主要策划者，不同的教师选用的教学方式及管理方法大相径庭，对于课后作业的理解也不甚相同。作业布置得多，学生课后负担重，但学生学业得到巩固；作业布置得少，学生课后负担轻，但学生学业难以巩固。仅从教师个体的工作量而言，多布置不如少布置，少布置不如不布置，反正期末也不考试评比，何不落得一个轻松呢？但学生进入高年级之后，学习成绩会好吗？学习就像一根自行车链条，一环断掉，整辆车也将无法行驶。有的教师会大量布置作业，宁愿自己花大量时间批改作业，也想让自己的学生多掌握知识，但在"双减"政策下，这样大批量布置作业是违规的。

④家长对于减少学生作业也存在三种不同的认识态度。支持多布置作业者，反映孩子回家若没有作业，就是玩手机、看

电视，既不健康，又影响孩子的视力，而且孩子的成绩得不到保障。尤其是一些留守儿童，既缺乏足够的监管，又没有课后作业引导学习，他们又该做什么呢？外出担心安全问题，待在家则沉迷于看电视和玩手机。支持不布置作业或少布置作业者，往往是看见了当前很多老师大批量地布置作业，比如大量重复的抄写作业。由于学生所学学科较多，每位老师布置一点，累积起来就形成了沉重的负担，有的孩子到晚上 11 点左右才完成作业。还有一些家长认为无所谓，布置作业的多少是学校或者教师的事，多布置就多做，少布置就少做。一部分家长长期在外务工，对自己孩子的管理本身就存在一定的问题，作业多少也无心顾及了。

⑤学生对于减轻学业负担基本上都持支持态度，因为现在的课业负担重，学生的课外时间基本上都花在作业上，他们没有选择的余地。课外的生活原本是丰富多彩的，但由于课后作业而变得单调。试想20 年前的小学生，放学后可以跳皮筋、踢毽子、打陀螺等，而如今却变成了一张张练习试卷。即便当前减轻了课后作业负担，许多孩子也可能会花大量时间看电视、玩手机，情况堪忧。

三、提出改进措施

①关于"双减"政策文件的印发，从大局观上来说是好事，教师应当遵从，政府相关部门也应当加强监管，不定时地对在校学生进行问卷调查，对部分学校、学生、家长进行抽样调查等，一定要掌握学生课后作业的真实情况，课后作业的量化形式，可以通过统计学生每天需要花费在作业上的时间来体现。减少课后作业，并不是完全不做，做多少、做多长时间，主管部门也应当把控好，对"双减"政策要加大宣传力度，不但要让教育部门、教师、学生知道，还应该让广大市民知道。对不合规的教师，主管部门应当采取一定的措施对其进行处罚。取消小学低年级的期末考试，也是政府落实"双减"政策的一项有效措施，但在一些学校可能会出现以模拟期末考试的方式去考核学生，用学生的成绩去考核教师的情况。而不用担心考核的教师，可能会出现"躺平"的状况。因此，教师的师德很重要，教育主管部门的监管也很重要。

②学校应加大对硬件设施的投入。课后作业的减少势必会减少学生学习的总时长，因此，如何提高课堂的效率尤其重要。使用什么样的课件、课堂应当使用什么类型的练习、采取何种教学方法以及如何提

高学生的学习兴趣等问题显得尤为重要。而教学相关设备的投入与运行会影响教师教学行为的选择。学校是学生学习的主要场所，课外活动设施也应当配足，学生放学后，可以自主参与一些社团活动，跑跑步、打打球，丰富课余生活。

另外，学校应加强"双减"政策落实的监管，对执行不力的教师加以处罚。当然，若出现教师"躺平"现象，更应该"清理"。政策实施的目的是让学生参与多元化的生活，让学生的生活丰富多彩，而不是除了学习，还是学习。"双减"政策在短期内可能会降低学生的学业水平。教师应该内化自己，学会在有限的教学时间内提高教学效率与效果。学校也应当尽快研究出合乎当地实际的教育模式，在保证效率的前提下，减轻学生负担，引导学生学以致用，用所学指导生活，在生活中感悟学习，尤其是可以在生活中提高动手、动脑能力，避免出现理论与实践完全脱节的现象。

③教师要尽快抛弃传统教学模式，尤其是"上课一言堂、课后全天练"的教学方式。传统的考核模式是以学生成绩为主考评教师工作能力，这就使得很多教师为了在考评中获得"先进"，不断地追求学生的分数提升，这样使得教师在课堂上讲更多、讲更快，课后又不断重复训练，以确保学生成绩提高。当前的考试题目灵活度较高，试卷难度比以往又大了一些，这就会使教师布置更多的课后作业。这与"双减"政策相违背，教师应当充分认识到取消小学低年级期末考试的真正意图，是给学生一点课后娱乐时间，激发他们的生活灵感。当前，学校的考核机制也在做进一步调整，大家都一样，努力与不努力都是相同的考核肯定是不公平的，但学生学习认知的提高将以什么形式体现确实也是一个难题。如果变相以学生期末成绩作为教师的考核依据，其实质也是换汤不换药。改变是必须的，提高效率是必须的，课后作业减少也是必须的，追求学习质量更是必须的，教师要充分认识，并落实到行动中。

从当前我校实际情况来看，教师应当：优化课堂教学时间结构，可用 1/3 的时间讲理论，1/3 的时间练习，1/3 的时间解析问题，即课堂时间"三三制"；课前充分备课，明确该讲与不该讲的内容，从而提高课堂效率；课后作业少而精，杜绝一布置就一张试卷或好几页练习的情况，应该在布置前充分考究什么题该布置，什么题不用布置；加强师生沟通，充分尊重学生意见，从与学生的交流或观察学生的状态中感受学生负担的轻重；充分接受学校主管部门、家长、学生的监管，全面改变教育教学模式，从教学态度开始，并落实到行动中。

④家长应当及时了解课后作业负担减轻的政策，合理安排孩子的课余时间，可以多带孩子参与体育、文化、艺术等活动。国外的小孩会选择参观一些博物馆、书店等，而我们这里条件有限，家长可以让孩子多参与一些家务活动，让他们体会到日常家务的辛劳，从而增进父母与孩子间的理解与认同。课后作业减少，有可能会出现一些学生整天看电视、玩手机游戏的现象，这就需要家长做好思想教育和监管工作。一些小学生拥有手机的现象本身就值得家长及社会思考，因为我们这里的学生大多自觉性差，如果减负得来的时间被用于玩手机游戏，这便与减负的初衷背道而驰，因此，家长要在监管小孩上多费心思。

⑤学生应当从思想上认识到减负的意义及价值，进而落实在自己的行为上。教师可以通过多种途径与学生进行交流与沟通，减负是让他们的课余生活更加健康、活跃，而不是整天玩手机游戏与看电视。学生们可以利用课后时间培养自己的兴趣爱好，或加强与家长及其他同学的交流。

总之，"双减"政策已经深刻地影响了教师的教育观念及模式，教师要从多个维度去认识与感悟其中的价值与意义，规范和落实好自己的教育教学行为，善于改变，迎接改变，应用改变带来的改变，为学生课后丰富多彩的生活创造条件，同时又高效率、高质量地完成好自己的教学任务。

参考文献：

[1] 张国娟 . "双减"背景下小学数学课后作业的有效设计 [J]. 数学大世界（上旬），2022（8）：92-94.

[2] 杨雯雯 . "双减"政策下小学数学课堂教学内容的重组实践 [J]. 数学大世界（下旬），2022（8）：41-43.

"双减"政策背景下群文阅读课型及教学策略探究

张玉瑾

（贵州省台江县城关第三小学）

摘　要： 研究实施群文读写战略，推动小学生读写能力的培养研究，我们以课堂实践为阵地，以新课标为依据，以群文阅读相关理论为指导，根据"以生为本"的教育理念，开发多种阅读教学课型实践。其目标是培养学生学会学习、思考，提高学生的语文素养。

关键词： 群文阅读；课堂实践；语文素养

一、前言

在群文阅读课型的研究中，我们不仅研究了单篇阅读教学，把群文阅读融入语文课堂中，而且还引导学生阅读整本书籍。其目标是培养学生学会学习、思考，最终提高其语文素养。

我们以课堂实践为阵地，以新课标为依据，以群文阅读相关理论为指导，根据"以生为本"的教育理念开发了多种阅读教学课型实践。

《义务教育语文课程标准（2011年版）》对语文阅读教学提出的建议是：应加强对阅读方法的指导，让学生逐步学会精读、略读和浏览。通过群文阅读，可以开阔学生的阅读视野，同时使他们接触到各种文体的作品，并采用比较阅读、分类阅读等方法进行学习。阅读的多样性，能够让学生的综合阅读能力（包括略读技巧）在不同层次上得到提升，并且为增强他们的读写能力打下基础。

群文阅读时要纵观上下，找准定位，如在读书时关注有新鲜感的词汇和语句，感受全文生动的语言，摘抄喜欢的语句。经过多次课堂的实践与探究，教师努力创造出一种"我的课堂我做主"的民主、和谐、宽松、友爱、理解和鼓励的阅读环境。在"以学定教，以生为本"的阅读教学过程中，教师努力营造一种学生、教师、文本之间对话的氛围。我们不只以"双基"为目标开展教学，课堂上还因地制宜、因材施教，致力于激发学生的读写兴趣，同时培养其良好的阅读习惯，使他们懂得自主学习、合作学习和探究阅读；训练学生的多元思考、逆向思维、辩证思考；拓宽学生眼界、发展学生创造力、开放学生思想，在教学中最大限度地促进学生创新能力的发展。

二、理论引航

（一）《义务教育语文课程标准（2011年版）》

《义务教育语文课程标准（2011年版）》中明确要求"语文课程应注重引导孩子多读书，多累积""要重视培养学生广泛的阅读兴趣，扩大阅读面，增加阅读量，提高阅读品位。提倡少做题，多读书，好读书，读好书，读整本的书"，还要求"背诵优美诗文240篇（段）。九年课外阅读总量应在400万字以上"。读什么书？如何阅读？根据不同年龄阶段的学生认知特征各有侧重点。

（二）佐藤学关于"自学和互学"的理论

为了实现以"学"为核心的教育，教师应该在课堂里构建一个全新的问题起点，让每位学生拥有独立的问题，互相探讨、交流，彼此启迪，笔者将之称作游戏的、协作的、反思的"学会"，即是把人与物、人与教材、学校与教师、个体与个体之间的对话作为课程的核心。具体地讲，即组织与指导学生有集体任务的认真学习，有学生小组活动的认真学习，有学生把自己所掌握的知识用作品形式展示出来，和伙伴共享、互相欣赏的集体活动的认真学习等。也可以讲，从个人开始，通过和伙伴协作后，又再回归到个人的认真学习。

（三）群文阅读的理念

所谓"群文"，顾名思义，是指在教学中，在较短的时间内呈现多篇文章，数量可能达到四五篇，甚至七八篇。针对一个或多个问题选出一套作品，然后老师与学生根据问题进行阅读与集体建构，最后达成共识的过程。

群文阅读的关键词是：议题、文本、集体构建、达成共识。群文阅读是将教师语言学习方法与人文精神转化为培养中小学生语言素质的最有效途径，全面提高中小学生的语言素质是专题研究所主张的语言教学的基本目的与根本原则；通过群文阅读，可以开阔学生的眼界，提高学生的思维能力，增强课堂教学效果；群文阅读教学可以大幅度提高学习者的读书效率，同时也有助于提高教师的专业能力和水平。

（四）"以生为本"的教育理念

学生处于不断成长的过程中，他们所能够承担的使命和责任都是有界限的，一旦超越了一定的界限，其自身发展就会受到限制。教师应把每位学生都看作独立的个体，他们该做什么，就让他们做什么，能做到什么，就培养他们做到什么，尽可能地为学生的成长和发展创造条件、提供机会。同时，教师也要重视学生的个体差异，让每位学生都在生活上充满信心，尊重并促进学生个性的发展，顺其形，借其势，学生优良的性格特点在已有的教育平台上能够得到最大限度地发挥。

三、群文阅读课型及教学策略探析

（一）群文阅读课型
1. 主题单元群文阅读课型

我们使用的一至六年级的语文教材都是以主题为中心，如：五年级上册第六单元以"亲情"为主题，作品有《"精彩极了"和"糟糕透了"》《父母之舟》《慈母情深》。

教学时，其策略模式是：

①选取最具特色的精读课文作为主题

内涵切入点，以单篇文本教学开展师生共读活动，按单篇文本教学要求操作。

②其余几篇文本以主题内涵作为学生探究的话题，运用群文阅读的方式引导学生对专题统领下的教材进行探究学习。

活动流程：自学文本，质疑→讨论质疑，解决文本主题内涵→汇报、展示几篇文本的共识→主题提升。

用此教学方式，一个单元的课程，用3-4个学时就可以完成，它适宜于小学中、高学段的教学。

2. 单元整合群文阅读课型

单元整合群文阅读是对每个主题单元的总结与拓展。

四步流程：

①组织学生回顾所学单元的知识目标与阅读方法。

②自主阅读文本。

③小组合作讨论：精彩片段欣赏、文本理解、精彩语句理解、写作方法收获与阅读感悟。在这些交流中，各学段交流的内容是有区别的。低学段的学生只欣赏自己喜欢的精彩片段，聊一聊自己喜欢的理由。中学段的学生除此以外，还要谈一谈自己对文本的理解和感悟。高学段的学生在此基础上还要联系生活交流个人感悟与收获，并且分析所学单元中的文本的共性与个性，归纳出系统化的写作方法，从而

助力学生创作出优美的文章。

④交流展示成果，拓展主题，提高写作能力。此环节旨在突破知识目标，实现递进式语文教学。

在这个流程中，"语文知识树"结构图的板书，能使教学形成一个系统的知识体系，丰富和完善单元教学模式。

实践表明，单元整合群文阅读课型具有这样一些优点：第一，归整单篇文章学习中获得的分散知识点并加以系统化处理，丰富学生的认知结构。第二，拓展学生的阅读视野，增加他们的阅读时间，培养他们的阅读爱好。第三，学生在自主阅读中学会自学、互学、思考，沉淀语言，提高口语表达能力和写作能力。

（二）群文阅读策略

①同桌合作体验乐趣，走进"群文"，理解"群文"的内容，激发联想，引导观察，挖掘创新潜能。

②比较阅读是培养语文能力的好方法，通过几个故事的对比学习，让学生掌握阅读故事的方法，进而激发阅读整本书的欲望。

③采用多种形式地读，感悟语言的美，在想象中体会虚实结合的表达方式，展示个性化阅读。

④选择有关的题材，积极引导学生拓展阅读一些与主题相似的绘本，鼓励学生大胆想象，参与创作，在表演中迁移阅读经验。

⑤阅读前，每个小组分配好阅读任务，明确读的目标，对学生自由阅读提出相应要求。

（三）群文阅读教学

对于群文阅读教学，我们采用预习课和展示、反馈课策略。

三步教学流程：

①生字过关。教学模式为：上课前练习→互助自学→检查督促→互批汇报→纠错练字。

②诵读过关。阅读文章，记录自己不明白的问题，在课堂上进行讨论；做批注，在感悟最深处写下自己的感悟，以备课堂上讨论。其方法是：自读准备→自写汇报→组际互查等。

③文本理解。老师将需要掌握的内容告诉学生，使他们在教师的指导下对课文加以研究，进而体味、感受本文所表现的思想感情。

五步展示、反馈教学（互学、探究学）的步骤是：交换批注→交流文本内容→展现成果→拓展阅读→畅谈心得。

①交换批注。解题：由学生在组里互相交换自己的批注，学生指出不清楚的地方后，组里成员进行解题，分组解决不了的，全班一起解决。

②交流文本内容：由教师提供文章内容，学生对文章内容进行深入探讨。在分组内交换自己的见解，商榷最佳观点。

③展示成果：各小组把汇报交流讨论的过程、结果与学习方法展示出来，教师适时点拨。

④拓展阅读：从文本链接群文阅读，拓展单篇阅读教学。其目的是开阔学生的视野，发展学生的创新思维。

⑤畅谈心得：阅读完后，学生针对几篇文本，交流心得。

四、阅读教学策略探析

（一）群文阅读教学策略

群文阅读是一个创新型的读书课堂，也是一个高效的读书课堂，同时它还是学生从教材阅读走向广阔的课外阅读的媒介。

其教学模式：确定议题→选择文本→集体构建，达成共识→对比阅读，产生共识。

集体构建，达成共识的五步活动流程：

①开门见山呈现议题。

②搭好"脚手架"，共创师生阅读。从群文中萃取一篇，引导学生自读自悟，初步获得议题认识及阅读技巧。这个环节学生阅读方法掌握得好与坏，能决定从一篇到多篇阅读质量的高低。

③自主群文阅读。将获得的初步经验转化为实践能力，阅读其余文本。

④小组讨论文本中议题的内涵，丰富、完善、提升议题的知识结构。

⑤交流议题的知识结构，以实现群文阅读的目标要求。

群文阅读教学的特点：

①它可以较快地提高学生的读写能力，培养学生的阅读兴趣，并激发学生的求知欲，培养学生的多向思维和创新思维能力。

②拓宽学生的阅读视野，提高他们的阅读积极性。

③教学中更能体现"以生为本"的教育理念。

④在集体构建，达成共识前一定要上好预习课，做到生字过关、课文诵读过关。

（二）绘本教学策略

绘本读物有着图文并茂的特点，是一个由简单而生动活泼的语言与细腻美丽的图画紧密配合而形成的儿童文学艺术作品。它是学生十分喜欢的一种读本。

教学流程：①猜中"悦"读：读封面，猜故事→读故事名称，猜故事内容→读目录，猜情节。②自读画面，整体"悦"读故事内容。③品味语言，"悦"读绘本魅力。教师大声读故事→小组反复读故事→小组讨论故事内容→集体接龙讲述故事（低年级教学到此为止）→联系生活，感悟故事中的内涵。

绘本教学的特点：

首先，"悦"让学生体验到了阅读的成功和分享的快乐，激发了他们爱阅读的情感。其次，在学生猜、读、讲故事的过程中提高了他们的观察能力，丰富了他们的想象能力，升华了他们的理解能力。最后，绘本教学不但能培养小学低学段学生的观察力和思维力，而且能让学生爱上"悦"读。中、高学段的学生在"悦"读中还乐于编写绘本故事。

五、结语

在教授学生阅读方式的过程中，我们探究了一系列课型模式，以群文阅读为主轴，将阅读、关怀、对话、合作等与教学全面融合，让学生学会学习、思考，从而提高其语文素养。

第一，学生阅读的课堂是学生自主阅读的课堂。教学中，老师搭台、学生唱戏，制造机会提高学生的语文素养。

第二，学生阅读的课堂是学生思考、讨论的课堂。在阅读中，学生产生了奇思妙想，讨论中各抒己见，彰显个性。

第三，学生阅读的课堂是学生探究的课堂。在限定的时间里让学生经历较高层次的探究性阅读，让学生感受阅读的快乐。

第四，学生阅读的课堂是高效的课堂。在几十分钟里，学生们阅读了多篇文章，增加了阅读量，提高了语文素养，从而达到了高效的教学目标。

参考文献：

[1] 中华人民共和国教育部. 义务教育语文课程标准: 2011 年版 [M]. 北京：北京师范大学出版社，2012.

[2] 佐藤学. 静悄悄的革命：创造活动、合作、反思的综合学习新课程 [M]. 李季湄，译. 长春：长春出版社，2003.

浅谈小学语文家庭作业习作中的"美"

方 丽

（贵州省台江县城关第三小学）

摘 要： 本文结合小学语文家庭作业中的习作案例，生动形象地阐述了如何培养小学生在语文学科核心素养方面的审美鉴赏与创造能力。小学生的文章没有浮华，只有真实，他们在习作中书写自己的人生体验，把自己的所感、所悟、所思用文字记录下来。本文指出在教学实践中要善于去观察习作中呈现的多样化的美。

关键词： 家庭作业；习作；美

周末、节假日是提高学生习作水平的关键期，学生可以把自己的生活体验与学习体验以习作的形式展现出来。小学语文家庭作业是提高小学生语文核心素养的一个重要环节，教师做好这一环节的工作，会为教学工作添砖加瓦，锦上添花。习作中呈现的多样美是小学生智慧的体现，是小学生对知识举一反三的实践考验，是小学生日积月累的成果展示。

一、小学语文家庭作业习作中的"书法美"

书法是一门动态与静态相结合的灵动艺术。我们在硬笔书写中以字识人，以字见品性。笔落人不同人手中，字的风格也各不相同。小学生在硬笔书写方面有着严格的要求，他们必须掌握汉字的基本笔画和常用偏旁部首，端正、整洁地书写正楷字。在长期的硬笔训练中，学生会形成自己的风格。在学生的习作中，我们可以观察到一系列精湛的书写技艺：排版整齐，框架结构合适；用笔轻重相宜、伸缩自如；

笔法基础扎实、旷达豪迈；功架十足、点笔到位；字体娟秀，犹如潺潺溪流，流动于笔画之间；字体四平八稳、潇洒健硕；宽窄合宜、上下皆合、左右有度、内外默契；比例适度、大小顺畅有力、字形美观；整体布局美观大方、行列整齐、风格统一；字体犹如雕梁画栋、点画到位；态度端正，字体清秀脱俗、大小一致；字与字之间和谐共鸣。从他们的书写中可以感受到汉字的形体美。

习作中的硬笔书写，真的是一场美的视觉盛宴。家庭作业习作中不仅有"书法美"，还有"语言文字美"。

二、小学语文家庭作业习作中的"语言文字美"

汉字，作为中华文化的独特标志，穿越数千年的历史长河，见证了中华文明的起伏与辉煌。它不仅是中国历史进程的忠实记录者，更是中国历史文化精粹的凝聚与体现。它犹如汗血宝马一样，血统纯正，不容半点杂质玷污。作为中华文化之媒介，汉字创造了无与伦比的人文经典之美，美其所美，美其横竖撇捺，美其上下左右，美其内外。不仅如此，汉字的豪迈之美、镌刻之美、和谐之美，也凸显出中国语言举世无双的文化内涵，可见汉字是至妙极

精的创制。

《义务教育语文课程标准（2022年版）》中指出：语言运用是指学生在丰富的语言实践中，通过主动的积累、梳理和整合，初步具有良好语感；了解国家通用语言文字的特点和运用规律，形成个体语言经验；具有正确、规范运用语言文字的意识和能力，能在具体语言情境中有效交流沟通；感受语言文字的丰富的内涵，对国家通用语言文字具有深厚感情。虽然小学生没有用华丽的辞藻修饰作文中的语句，但是他们每个人都可以做最好的自己。小学生常常透露着属于他们这个年纪的"傻里傻气"，这份"傻里傻气"让我们感受到了小学生的纯真与童趣。

小学生小小的脑袋里藏着浩瀚的宇宙，蓄积着能量，等时机成熟便产生质的变化。存在即合理，每一个生命个体都有自己存在的价值，即使他们生如蝼蚁，也有存在的价值。不论你是成人，还是小孩，其生命是平等的，是值得被尊重的和重视的。但是在现实生活与学习中，一句"为孩子好"，大人就可以名正言顺地以自己的意愿替代孩子的意愿，以自己的思维替代孩子的思维，以自己的视角替代孩子的视角。可是，大人错了，孩子的世界就像一张白纸，只有当我们放下心中的执念，真正站在孩子的角度看事情，才能切实感受

到孩子内心深处的在乎，习作教学课堂上的真学才有了实施的可能。学生把自己的所思、所感、所悟通过文字展现出来，他们在习作中写道："愿汝眼眸有星辰，心中有山海。从此以梦为马，不负韶华，与君共勉！""仲夏之夜""纸上的作文画上了句号，而现实中的那一群追梦的少年从未停下脚步。""时光的脚步从未停下，我们都在前进。""我坐到最后一排靠窗的位置，戴上耳机，感受这美好又安静的时光。""风有风的自由，吹散了便不再拥有，云有云的缥缈，飘散了梦幻便不再停留。然而因为错过，风轻云淡时去拥抱阳光彩虹，也能去寻求另一种美好。"从他们的字里行间，我们可以领悟到中国语言的文字美。

在学生的习作中遨游，真是一种享受，这种体验使教学繁忙的我们，停下脚步，欣赏学生的佳作。

三、小学语文家庭作业习作中的"画面美"

文字真的很神奇。古往今来，许多的文人墨客以文字展现画面美，读者以文字为牵引，想象文人墨客文字中的画面。世界很喧嚣，只要做你自己就好！学生用纯真的语言，写出自己的感受。他们以文字的形式把自己的内心感受呈现出来，极具画面感，运用虚实结合的写作手法，把习作升华。学生在画面与语言文字之间转换，并将画面感投射于自己的习作之中，这是一种能力，应该加以培养。通过生活体验与学习体验的方式培养学生的画面观察力、画面想象力和创造力、画面与文字转换能力。如"悉听花开花落，静看云舒云卷""人间忽晚，山河已秋""窗外流浪的月亮和繁密的星辰姗姗来迟""当坐在发黄、生锈的课桌椅上，总会习惯抬头看铺满灰尘的天花板或是凝视那窗外绿叶间透过的阳光"，这些句子，似乎与宋代词人李清照的诗词有异曲同工之妙，似乎与清代词人纳兰性德的诗词有不谋而合之处，似乎与鲁迅先生笔下的《好的故事》有碰撞之地。学生不是文人雅客，可是有自己的一番天地；学生不是诗人、词人，可是他们有自己对诗词的定义；学生不是撰稿人，可是他们具有撰稿人的潜质。

长时间的积累，造就了不一样的自己。学生们刚开始接触周末、节假日的语文家庭作业时，感到很不适应。然而，随着时间的推移，他们逐渐产生不写不乐的感觉。可见，时间真的很奇妙，它用自己的方式记录着小学生的成长历程。小学生的身上有童真、童心、童趣，他们用手中的武器——笔，书写最美的童年，小学生习作中的美不带一星半点的杂质，是那么纯粹，是那么无瑕。可能会有人质疑小学生的写作水平，可是当你真正接触到他们的作品时，你会发觉自己才是那个才疏学浅、不知所谓的人。小学生用自己的才华告诉你："你错了！"把你心中的疑虑打消。在他们的童真中，你的质疑被否定；在他们的童心中，你的怀疑被漠视；在他们的童趣中，你的猜测被抹杀。他们不是书法家，但是他们却在自己的领域书写人生；他们不是文学家，但是他们有文学家的潜质；他们

不是诗人、词人，但是他们有诗词与远方。

参考文献：

[1] 吴欣歆，管贤强，陈晓波. 新版课程标准解析与教学指导 小学语文 [M]. 北京：北京师范大学出版社，2022.

[2] 周魏宁. 穿越语言文字之美 感悟生命本真之趣：浅谈小学语文作文教学 [J]. 科学咨询（科技·管理），2017（12）：122-123.

[3] 范曾. 中国语言文字之美 [J]. 人民论坛，2017（27）32-34.

如何让学生爱上写字

李　辉

（贵州省台江县城关第三小学）

摘　要：中国汉字有着悠久的历史，它凝聚着中国几千年来劳动人民的智慧。作为一个中国人，学好中国汉字是最基本的要求；而作为一名语文教师，教授学生正确书写汉字是其最基本的职责。让学生喜欢学习，爱上写字，培养他们具有良好的学习习惯和性格是教师的重要任务。

关键词：中国汉字；汉字书写；提高素养

中国汉字有着悠久的历史，它凝聚着中国几千年来劳动人民的智慧。作为一个中国人，学好中国汉字是最基本的要求；而作为一名语文教师，教授学生正确书写汉字是其最基本的职责。《义务教育语文课程标准（2022 年版）解读》中指出：识字、写字是阅读和写作的基础……是贯穿整个义务教育阶段的重要教学内容。这就要求语文教师在教育教学中，不仅要教会学生把汉字作为学习和阅读其他学科的工具，还应注重培养学生的汉字书写技能，从而加深学生对祖国语言文字的热爱和对中华民族文化的理解。因此，在教育教学中，语文教师要想方设法让学生喜欢学习，爱上写字。

然而，怎样才能使学生爱上写字呢？以下是笔者从教近 20 年的一点经验和看法，以供大家参考。

一、教师要想方设法让学生喜欢汉字

常言道："兴趣是最好的老师。"对于小学一年级的学生，如果一开始上课就教他们如何写字，他们很容易心烦意乱。因为他们在幼儿园时，更多的时间是用来玩游戏和听故事，他们的教师很少花时间来教他们如何写字，所以每当我开始教一年级学生写字之前，我都先给他们讲（或看）一些关于著名书法家的童年趣事，如《"临池"的由来》《唯有一点像羲之》《博取百家长，始得龙凤飞》《苏黄论书》等，孩子们听了（或观看）这些生动、有趣的名人习字故事之后，初步了解到我国灿烂辉煌、名家辈出的书法历史，从中明白刻苦出真才的道理，从而对写字的兴趣油然而生。

二、教师要经常在课堂上强调，学会写一手好字，对一生有益无害。

随着社会的发展、科技的进步，以前许多必须要手写字的地方，现在可以通过电脑打字输入来完成，这导致现在有很多人认为：写字是好是坏已经不那么重要了。但有一点要清楚：目前学生考试答题，机器是代替不了的。许多时候，试卷的干净与整洁程度会直接影响到分数的评定，这一点在语文试卷的作文题中尤为突出。这就更加迫使语文教师，要重视学生的写字教学。

中国书法艺术源远流长、博大精深，影响了一代又一代的中国人。"字如其人"是中国几千年来的传统观念，现在许多老百姓（特别是一些老年人）依然认为，能写一手好字是一个文化人的象征。当今是全球经济一体化的时代，中国已经成为世界第二大经济体。现在和将来会有很多的外国人来到中国学习，学习我们行云流水的书法，学习我们出神入化的武术……因此，我们在写字教学中要经常强调："书法是我们中华民族独有的艺术。"这样能使学生在课堂上不知不觉地喜欢上书法，自然而然地爱上写字。

三、教师要以身作则，积极发挥其榜样作用。

黑格尔曾说过：教师是孩子们心中最完美的偶像。在平时的生活和工作中，教师的一举一动都会对学生产生很大影响。如果教师自己写的字都不堪入目，那么怎么教学生写字呢？因此，作为一名语文教师，不仅要有坚实的业务基础，也要有过硬的写字（三笔字）基本功。正所谓"打铁还需自身硬"，无论是平时的课堂板书，还是批改学生作业，教师都应该严格要求自己，认真书写一笔一画，为学生起到模范带头作用。这一点真的很重要，也很管用。

四、教师教学生写字，不宜过多，要坚持。

《义务教育语文课程标准（2022年

版）》对学生的识字量和写字量做出了明确要求：第一学段应多认少写。同时在《附录》中新增了两个字表：《识字、写字教学基本字表》和《义务教育语文课程常用字表》，要求教师在教学实践中，用好这两个字表。小学生在初级阶段的高频字只有 300 个，这 300 个根本字里面已包含了所有汉字的各种基本笔画和各种间架结构，学生只要多花一些工夫去熟悉、体会并且练好这些根本字，往往会收获事半功倍的效果。可见，2022 年版的语文课程标准要求语文教师在写字教学方面务必投入更多精力。语文老师应每天在课堂上用 10 分钟左右的时间来指导学生写字，并持之以恒。

五、教师要勤编"写字笔画歌"，降低写字难度。

小学低年段的很多学生，由于受到幼儿园的影响，会觉得写字是一件困难的事，特别是需要他们记下那些形态多样的基本笔画时，常常会使他们眼花缭乱。所以我经常把这些杂乱无章的基本笔画，用通俗易懂的语言，编成朗朗上口的儿歌，以此来辅助他们记忆。如：横（一）平平，竖（丨）正正，撇（丿）像扫把，捺（㇏）像剑……这样学生就很容易记住，从而降低了写字难度。

六、营造浓厚的汉字文化学习氛围，增强学生书写汉字的兴趣。

为了营造浓厚的汉字文化学习氛围，增强学生书写汉字的兴趣，我对我校提出以下几点建议：

①我校可以模仿附近的学校，每年 9 月 1 日这天，为一年级学生举行隆重的"开笔礼"，别以为这种仪式是形式主义，我认为"开笔礼"是很有必要的。古时"开笔礼"是极为重要的典礼，它对古代读书人来讲，有着重大的意义，是古代读书人人生四大礼之一。"开笔礼"不仅可以吸引学生从小学毛笔字，更重要的是通过举行这种庄重的仪式，让一年级学生感受到入学是人生中的一件大事，是学习的开始，是走向成才的起点，以此激励他们从小珍惜读书的时光，勤奋学习、懂得感恩。"开笔礼"还有助于激发小学生对祖国优秀传统文化的热爱之情，何乐而不为呢！

②我校可以每个学期都举行一次全校性书法（写字）比赛，并把一些优秀的作品以及获奖证书，用学校的一两块橱窗或选一段走廊来长期展示给学生。同时，各班级每月还要评比一次"优秀书写作业"，并把它张榜在班级的"学习园地"里。这样既可以让学生认真审视自己的学习成果，培养他们对汉字的审美能力，又可以让学

生时常回顾自己的作品，寻找差距，促使学生把字写得工整、美观。

③等我校的新教学楼建成后，我建议学校留一间教室来做书画室。尽管现在学校在每个星期的社团活动中，都设有书法兴趣班，但由于现在学校教室紧张，每星期的书法兴趣班只能安排在会议室，而会议室又被经常占用，这给书法兴趣班的教学工作带来许多不便。我也知道，现在建立一个很标准的书画室要投入大量资金，但我们可以根据学校的实际情况，建立一个满足我校书法教学基本需求的书画室，我相信我校是有能力办到的，关键是要得到学校领导的重视，这也是我写这篇文章的主要目的之一。

七、教师要培养学生良好的学习习惯，重视课堂教学，加强个别指导。

培养好习惯，收获好人生。学生开始练习写字时是痛苦的，可是当他们养成良好的写字习惯后，是终身受益的。语文教师在一开始教学生写字时，一定要认真观察每一位学生的握笔姿势是否正确、坐姿是否端正，一旦发现孩子握笔错误、坐姿不正，一定要及时纠正。一般坚持一个月左右，学生就会养成良好的写字习惯。如果教师在学生开始学写字时，不及时纠正

学生错误的握笔姿势和坐姿，等学生养成不良习惯后，是很难改正的。我现在任教的班级（六年级），是五年级我才接手的。我第一次进入这个班上课时，发现有一个男生用左手写字，这让我很惊讶，尽管在之后的一年半时间里，我一直尝试纠正他的写字姿势，但他至今仍未改变。不好的写字习惯，会影响学生的健康成长，有的会因此而近视，有的会因此而驼背……所以在上课时，教师一定要留心观察每位学生的握笔姿势和坐姿，一旦发现错误，一定要及时纠正。另外，现在我校一、二年级有个别班级，写字课经常被教师用来上语文课或让学生做作业，教师很少在课上教学生写字。这样很不好，一、二年级的学生刚进学校学习不久，很多学生还不是很会握笔和写字，更不懂得什么叫笔锋和间架结构，他们还需要教师长期耐心地指导。因此，我希望我校的各位语文教师一定要重视、上好每一节写字课，愿这些玄妙的中国汉字能够以更加科学而艺术的方式走入课堂，落在学生的笔端。

学习中国文化妙趣横生，研究中国汉字趣味无穷。作为一个中国人，写好中国汉字是我一生的追求和梦想。言传不如身教，最后我真诚地希望：为了学生的健康成长，在教育教学中，教师一定要更加严格地要求自己，经常加强学生书写指导，

引导学生认认真真写字，注重培养学生良好的书写习惯，提高书写质量，努力把我国优秀的传统文化发扬光大。

参考文献：

[1] 虞晓勇，郑然. 中小学书法教育的策略与基本模式 [J]. 河北大学学报 (哲学社会科学版)，2015，40（1）：140-144.

[2] 李逸峰. 当前中小学书法教育：问题与对策 [J]. 课程·教材·教法，2013，33（6）：123-127.

"双减"政策背景下如何培养小学低学段学生的朗读能力

欧忠梅

（贵州省台江县城关第三小学）

摘　要： 随着教育部"双减"政策的实施，在当前小学低学段的汉语朗读训练中，教师应注重激发小学低学段学生的朗读兴趣，帮助他们掌握朗读技巧，适当降低学习难度，让学生轻松朗读。同时，教师还应注重真正将朗读的种子植入学生稚嫩的心田。

关键词： "双减"政策；如何培养；小学低学段；朗读能力

在整个小学阶段，汉语的学习将是这样一个循序渐进式的过程：从字到词、从词到句、从句到段、从段到文。随着教育部"双减"政策的全面实施，在小学低年级的汉语朗读教学中，教师需要激发学生的朗读兴趣，帮助学生掌握朗读技巧，并培养他们具有敏锐的语感以及丰富的想象力，降低学习难度，使学生能够轻松愉快地进行朗读练习。同时，教师要注重引导学生观察生活、乐于探索，丰富学生的朗读积累，真正将朗读的种子植入学生稚嫩的心田。

《义务教育语文课程标准（2022年版）》指出：语文课程是一门学习国家通用语言文字运用的综合性、实践性课程。语言文字的运用，包括了听、说、读、写等活动。语言综合运用是指学生能够在灵活的日常语言综合实践中，通过主动积累、梳理整合，初步具有良好的语感而形成个体语言经验，感受语言文字的丰富内涵，对国家通用语言文字具有深厚感情。语言建构与运用是语文学科四大核心素养之一。朗读能力的培养，对小学低学段的学生而言，就是在进行丰富的语言实践活动，从而形成语感，感受语言文字的丰富内涵。

笔者将首先分析在"双减"政策背景下，朗读在小学语文低学段教学中的意义和作用，然后从不同层面出发，具体阐述在"双减"政策背景下，小学低学段学生的朗读能力如何培养。

一、朗读课文在提高小学语文低学段教学水平的过程中具有重要的意义和作用

所谓的朗读，根据《现代汉语词典》的解释就是"清晰响亮地念出声来"。常言道："读书百遍，其义自见。"这是一个日积月累的过程，是提高"语言建构与运用"这一核心素养不可缺失的重要部分。

（一）课程改革的需要

2021 年 7 月，中共中央办公厅、国务院办公厅联合印发的《关于进一步减轻义务教育阶段学生作业负担和校外培训负担的意见》中明确指出：要尽量减轻学生过重的作业负担。对于低学段的小学生而言，课后没有书面作业，"读"就是巩固知识，提高语文能力的重要方式。

《义务教育语文课程标准（2022 年版）》第一学段（1—2 年级）的"阅读与鉴赏"环节明确指出：让学生"喜欢阅读，感受阅读的乐趣。学会用普通话正确、流利、有感情地朗读课文。""结合上下文和生活实际了解课文中词句的意思，在阅读中积累词语。认识课文中出现的常用标点符号，在阅读中体会句号、问号、感叹号等

所表达的不同语气。借助读物中的图画阅读。""阅读浅近的童话、寓言、故事，向往美好的情境，关心自然和生命，对感兴趣的人物和事件有自己的感受和想法，并乐于与他人交流。诵读儿歌、儿童诗和浅近的古诗，展开想象，获得初步的情感体验，感受语言的优美。""尝试阅读整本书，用自己喜欢的方式向他人介绍读过的书。养成爱护图书的习惯。""积累自己喜欢的成语和格言警句。"

朗读课文作为小学低学段语文课后作业的一项重要内容，必须引起高度重视。因为这是低学段的小学生学习汉字、培养语感、体验情感以及感受阅读乐趣的重要方式。

（二）朗读教学的基础

俗话说："熟读唐诗三百首，不会作诗也会吟。"自古以来的实践证明，朗读在促进学生识记生字、新词方面有着非常重要的作用。能读的前提是能认字，认读合为一体能积累更多的生字新词。朗读还能帮助学生加深对课堂所学课文内容的理解，从而进一步促使学生将积累的知识应用到新课文的学习中。通过不断的朗读实践，学生的综合学习水平会得到更大提高。

（三）不当表达的规范

小学低学段的语文教材均选用了文质兼美的典范文本，能规范学生的语言表达。

许多刚入校的学生，其口头表达是很不规范的。在朗读方面，一些学生存在逐字朗读、拉长声调、拖腔唱读的现象；还有一些学生字音不准，朗读时常有漏字、添字的情况，音量较小，停顿不当。这些问题会直接影响学生未来语言表达能力的发展。

综上所述，朗读课文在我国小学低学段语文阅读教学中具有重要而积极的实践意义和作用。对于低学段的小学生来说，加强朗读和背诵能力的培养刻不容缓，

二、"双减"政策背景下低学段的小学生朗读能力的培养策略

（一）开展趣味活动，激发学生朗读兴趣

兴趣往往是学习最好的启蒙老师，要注重培养好小学生良好的语文朗读能力，激发他们对朗读的浓厚兴趣。

1. 图片激趣

美丽的图片能吸引学生的目光，如美丽的四季风景、各具表情的人物。充分利用好语文书上的插图，能有效激发学生的朗读兴趣。

在学习《小壁虎借尾巴》一文时，笔者通过第一幅插图来引导学生体会当时的情境，感受形势的紧急和小壁虎的果断。学生通过观察图片，带入自身想象，入情

入境地朗读课文。

2. 视频激趣

通过视频中声、光、色一体化的动态呈现，能快速地吸引学生。课堂上恰当使用小视频，可以为学生营造更真切的氛围，激发他们的朗读兴趣。

在学习《小猴子捞月亮》一文时，为了激发学生的朗读兴趣，笔者播放了一个《猴子捞月》的动画小视频。学生观看后都迫不及待地想自己读一读这篇课文了。

3. 绘本激趣

优秀的绘本故事能在潜移默化中熏陶和感染学生。选择难度合适且语言优质生动的绘本故事，更能促进学生对阅读内容的深入理解，并使他们越来越乐于通过大声朗读来直观表达自己的学习感受。

在学生刚进入小学，开始学习预备单元"我上学了"时，为了吸引大家的注意，笔者讲述了《小魔怪去上学》这个绘本故事，让学生体会到上学是多么的有趣，为学好"读书""写字""讲故事""听故事"这几个词语做好了铺垫。

4. 游戏激趣

游戏是孩子成长的重要方式，利用游戏来激发学生的朗读兴趣是一种很好的选择。

在学习《我们的玩具和游戏》一文时，笔者让学生观看了一年级下册"口语交际"课上大家玩游戏的视频。学生带着感受来

朗读课文的效果就非常好。

5. 谜语激趣

小学低学段的学生喜欢尝试，喜欢挑战自己，只要说到猜游戏，个个都跃跃欲试。

学习《棉花姑娘》一文时，笔者先让学生猜谜语：叫花不是花，开得白花花，用手摘下来，朵朵能纺纱。当学生猜对谜底，充满自信时，朗读课文的兴趣也就变得浓厚了。

此外，还有其他很多可以激发学生朗读兴趣的方式，如听音乐、表演等。教师通过开展这些丰富多彩、生动活泼的课堂教学活动，来充分地刺激学生的语言感官，让学生的阅读学习充满乐趣，为充分激发出学生的朗读之兴趣，培养学生的朗读能力奠定良好坚实的基础。

（二）明确朗读要领，训练学生朗读技巧

朗读不是照本宣科、有口无心，而是要让学生在朗读过程中感受和品味语文的"味道"，充分感受课文的内在魅力。

首先要读懂课文。朗读教学时，教师要引导学生读懂课文的含义，体会课文中蕴含的情感、道理等。例如《咕咚》一文，小兔子、小猴子、大象等动物一个跟着一个跑，边跑边叫，盲目跟从别人，教师要引导学生通过抓关键词理解，联系生活实际想象，通过文中小动物们的动作和语言，去感受它们的惊慌失措，从而懂得不动脑筋、盲目跟从是不对的。文本意思懂了，朗读才会更有劲儿。

其次是明白要领。朗读教学，情境创设非常重要。教师必须营造恰当的语言课堂氛围，让在场所有的学生都能亲身参与其中。明确朗读的三个层次：正确、流利、有感情。读正确就是要读准字音，不添字、漏字；读流利就是要读得通顺，停顿恰当，声断气连，自然流畅；有感情就是要人情入境，带着真情实感去朗读，读出自己的感受。例如，要读出古诗的节奏，通常采用"教师示范—讲解要领—操作实践—评价反馈"的闭环训练，由浅入深，反复训练，螺旋上升，学生对五言绝句和七言绝句的节奏就能掌握得更好，相应的朗读能力就能逐步提高。其他如标点符号各自的停顿时长、语气、语调、儿化音、重音、词语连读等，教师讲解得越细致，指导得越多，学生的朗读水平在潜移默化中就能得到更好地提高。

（三）采用多种方法，提高学生朗读能力

要想让学生充分体验朗读的乐趣并乐于朗读，教师应采用多种多样的方法来满足学生的不同需求。

1. 示范引领

朗读教学中，示范朗读很关键。教师在

示范朗读中所展现的语速、语调、重音、表情动作等，都会对学生产生潜移默化的影响。此外，名家朗读的视频、音频等要经常播放给学生观看、听，让他们进行模仿。

2. 读出个性

"一千个读者就有一千个哈姆雷特"，每位学生都是独特的生命个体，有自己的生活经验和独特感受，朗读应千人千面，读出自己的个性化理解。朗读的形式也应多种多样，如个人自读、同桌两人一起读、小组读、男女生轮流读、全班齐读、问答式读、师生承接读、小老师教读、开火车读，等等。朗读方式有不同节奏地读、拍手读、松涛阵阵式读、排山倒海式读、比赛读、配音式读、吟诵读、表演读……通过以上多种形式和方式丰富朗读教学，学生敢于开口、善于开口、乐于开口，这样学生的朗读能力就会更上一层楼。

例如，在学习《棉花姑娘》一文时，笔者让学生联想自己生病不舒服时的心情，体会棉花姑娘的难受及蚜虫的可恶，以及棉花姑娘想请人治病的急切心情。有的学生表情难受地及声音弱弱地读，有的学生声音较大并加上了难受时拥抱自己的动作，还有的学生读出了对蚜虫的憎恶。棉花姑娘和燕子、啄木鸟、青蛙的对话，请求一次比一次恳切，语气一次比一次急切，不同的学生读出来的效果都是不一样的。最

后，一群七星瓢虫飞来治好了棉花姑娘的病，棉花姑娘惊奇的表情和疑问，通过表演读的方式，得到了很好的呈现。个人自读、齐声读、分角色读、表演读、以课本剧的方式来读，在书声琅琅中，不同的体验、不同的表达。

3. 评价激励

"送你一朵小红花"是我班学生最喜欢的一种反馈。每次朗读后，老师对学生的正向激励和朗读指导是我班学生最兴奋的时刻。灵活的小手和"我来！""我想读！"的请求，让人感受到生命拔节成长的欣喜。除了口头表扬，还有握握手、摸摸头、拍拍肩和盖印章、画五星、发奖状、送小奖品等激励方式。

4. 课后加持

除了课堂的朗读指导，学习小组式的互助交流分享也是很重要的辅助方式。我们特意将班上所有学生分成八个学习分享小组，在每位组长及老师的共同带领下一起进行学习经验分享。基于"双减"政策的大背景，小学低学段的语文作业更多的是读。组长负责检查组员的朗读是否正确、流利，并及时反馈。愿意分享的同学还可以上传朗读的音频、视频，进行故事分享、演讲比赛分享、课本剧分享等。

通过多种形式的朗读训练，笔者发现自己班的学生越来越喜欢朗读，乐于和别

人分享朗读的内容，善于接受别人的意见和建议。

　　总而言之，朗读能力的培养仍然是小学低学段语文阅读教学改革的重要组成部分，对提高学生"语言建构与运用"的核心素养具有重要意义。通过组织开展多种形式的朗读趣味主题活动，可以激发小学

低学段学生的朗读兴趣，进而提高他们的朗读能力。

参考文献：

　　[1] 中华人民共和国教育部 . 义务教育语文课程标准：2022 年版 [M]. 北京：北京师范大学出版社，2022.

"双减"政策背景下小学语文作业分层设计策略探究

冉秀芸

（贵州省台江县城关第三小学）

摘　要："双减"政策对小学语文课后作业提出了新的要求，教师要对语文课后作业进行优化。通过对作业进行分层设计，使班级中不同水平的学生都能在作业的引导下取得进步与发展。在课后作业设计中融入分层理念体现了"以生为本"的教育理念，既能从学生实际出发，满足"双减"政策对小学语文作业的要求，又能达到减负增效的目的。

关键词："双减"政策；小学语文；作业设计；分层理念

一、作业量分层

从以往小学生对语文作业的完成情况来看，不同的学生有着不同的语文学习能力，他们在完成课后作业的速度、质量上有着不同的表现：一些学习能力强的学生能够保质保量地完成课后作业；一些学习能力较弱的学生不仅作业质量难以保障，甚至无法完成规定的作业量。因此，在语文课后作业中融入分层理念是很有必要的。在践行课后作业分层理念的过程中，教师需要确保实现减轻学生作业负担的目标，优化课后作业设计，实行作业分层策略，根据学生的实际情况来控制学生的作业量，尽量让每位学生都能保质保量地完成课后作业，这样才能进一步提高学生完成语文作业的效率，进而保障他们的学习效果。

例如，在学习完《蝙蝠和雷达》一文后，对于一些语文基础与学习能力较为薄弱的学生，教师就可以适当减少应用类、阅读类作业的数量，以基础巩固类作业为主，让他们巩固课文基础知识，确保他们能够熟练阅读课文、理解课文主旨内涵，掌握相应的写作手法及课文中重点字词的书写即可。针对班级中处于中等水平的学生，教师则可以减少他们基础巩固类作业的数量，增加应用类、阅读类作业的数量，从而引导这部分学生能够在巩固自身基础的前提下对课文的写作手法等进行更深入的探究与分析，并尝试用自己的语言转述课文的主旨内涵及课文中涉及的科学原理。针对班级中基础稳固、学习能力出众的学生，教师则要进一步锻炼他们的探究意识，控制他们完成基础类、应用类及阅读类作业的数量，布置更多拓展探究类型的作业，让学生自主探究课文的主旨内涵，收集与课文相关的资料，不断拓展自身的视野与认知。作业量分层更有利于教师对学生进行针对性地指导，各个层次的学生都能在原有基础上取得进步与发展，从而提高课后作业的完成质量。

二、作业难度分层

在"双减"政策背景下，教师除了要控制学生课后作业的数量，还要进一步斟酌课后作业的难度。笔者发现，学生对课后作业持有不同态度的原因之一是学生对课后作业的难度认知存在差异：一些学生认为课后作业又多又难，完成起来十分吃力，他们对课后作业的兴趣不足，甚至还会产生一些消极的情绪；而一些学生觉得完成作业十分容易，虽然他们能够保质保量地完成作业，但作业对他们学习能力

与素养的提升效果并不明显。这都是统一布置作业，没有"对症下药"产生的弊端。而在"双减"政策背景下，教师需要解决这一问题，运用分层理念对作业难度进行划分，确保优化后的课后作业能够更加契合各个层次学生的实际学习能力，并能够引导学生对语文知识进行更深一步的探索，从而合理地减轻学生的课后作业负担，提高学生完成课后作业的效率，达到减负增效的目标。

例如，在学习完《圆明园的毁灭》一文后，教师在设计课后作业时就可以对课后作业的难度进行分层，借助难度不同的层次性作业引导学生对课堂知识内容进行更深层次的理解与把握。具体来说，针对班级中语文基础与学习能力较为薄弱的学生，教师要适当降低课后作业的难度，可以让这部分学生对课文内容进行梳理，再次回顾课文要点，了解课文中的主要信息，分析作者的叙述方式。这几项作业的难度并不高，只要学生在课堂上掌握了一定的基础知识就能较为轻松地完成。同时，这几项作业既能帮助这部分学生再次巩固课本知识，还能让他们体会到成功完成课后作业的满足感与成就感。针对班级中中等水平的学生，教师在设计作业时可以让作业保持一般难度，并在作业中增加一些引导性、启发性的内容，促使这部分

学生的思维进一步发散。教师可以让这部分学生梳理课文的行文思路，分析作者借助课文所表达的情感态度。这样的课后作业有一定的难度，可以帮助这部分学生更好地锻炼自身的语文学习能力，同时强化这部分学生对基础知识的掌握。最后，针对班级中语文基础稳固、学习能力出众的学生，教师则可以稍稍提高课后作业的难度，通过加入更多自主探究型的作业来挖掘这部分学生的潜力。教师可以让这部分学生收集英法联军火烧圆明园的资料，用自己的话说一说课文想要表达的教育意义，再阐述自己对英法联军火烧圆明园历史背景的理解与认识。通过对作业的难度进行分层，既能更好地保障不同层次学生完成语文课后作业的效果，又能使课后作业更加契合学生的实际情况，让学生在难度不同的分层作业引导下提高其语文学习效率，从而不断提高自身的综合素质与核心素养。

三、作业目标分层

在"双减"政策背景下，教师不仅要减轻学生课后作业的负担，还要保障课后作业能够最大限度地发挥其价值与意义，进一步提高课后作业的质量，让学生能够轻松有效地完成课后学习，这样才能达到减负增效的目的。而想要达到这样的效果，教师必须清楚课后作业的目标，并根据学生的实际情况对课后作业目标进行分层，从而保障每个层次的学生都能在课后作业的引导下学有所得。

例如，在学习完《麻雀》一文后，教师在设计课后作业时就可以对作业的目标进行分层，从学生的实际情况出发，突出课后作业的层次性。在设计课后作业前，教师可以先分析课文的教学内容与主要教学目标。这篇课文十分震撼人心，讲述了一个麻雀为了保护自己的后代与猎狗展开搏斗的故事，教学目标是让学生把握老麻雀、小麻雀及猎狗的特点，让学生体会老麻雀身上伟大的母爱，并让学生结合自己的实际生活，对母亲给予自己的爱与关怀产生更多感悟。在清楚了主要教学目标后，教师就可以根据学生的实际情况对作业目标进行合理分层。首先，教师可以设计第一层次的作业，即让学生写好批注。很多学生的语文学习习惯欠佳，他们在阅读课文时不会边读边写，只有在教师提醒要做笔记时才会动笔。针对学生存在的这种问题，教师在设计课后作业时就可以将第一层次的目标定为培养学生良好的语文学习习惯，让学生养成边读边写的好习惯，并使其感受到做好笔记与批注的重要性。具体来说，教师可以设计写批注的作业，让学生在课后精读课文，找出课文中描述老麻雀、小麻雀及猎狗特点的句子，并在旁边批注说明这样的描写突出了其怎样的特点。其次，教师可以设计第二层次的作业，即注重学生的多元感悟。笔者发现，一些学生的语文基础较好，并且具备一定的自主学习能力与意识，但是想象力与创造较为薄弱。为此，教师可以将这一层次作业的目标定为提高学生的综合学习能力，通过设计多元感悟的作业，让学生从多个角度出发，说一说自己对课文的独特理解。教师可以标注出课文中的一些重要句子，并让学生尝试从不同角度进行解读。通过对课后作业进行分层，教师能够更好地突出课后作业的重点，既能满足学生课后语文学习的需求，又能促使学生不断进步。

四、结语

综上所述，在"双减"政策背景下，

教师应意识到课后作业分层设计对发展学生综合素质与核心素养的重要意义，它既能保障课后作业更加契合学生的实际情况与学习需求，又能做到因材施教，使学生在原有水平上获得更大提升，从而更好地达到"双减"政策减负增效的目标。教师要从学生的实际情况出发，通过对课后作业进行合理优化来使学生获得更好的语文学习体验，让学生享受语文，有效学习。

参考文献

[1] 王学男，赵江山 . "双减" 背景下作业设计的多维视野和优化策略 [J]. 天津师范大学学报 (社会科学版），2022（2）：38-44.

[2] 余昆仑 . 中小学作业设计与管理如何有效落实 [J]，人民教育，2021（Z1）：34-36.

[3] 李艳 . "双减" 政策下如何优化小学数学的作业设计 [J]. 新课程，2022（3）：224.

"双减"政策背景下后进生的成因和转化对策

邰光莉

（贵州省台江县城关第三小学）

摘 要： 后进生由于学习成绩不好，往往有强烈的自卑心理。教师需要在教学中以包容感化他们的心灵，用温情润泽他们的心田，以关心呵护他们的成长，维护他们的自尊心，并逐步帮助他们克服自卑心理，让他们对自己充满信心与期待。本文紧密结合教学实际，深入探讨了后进生的成因及特征，并对照学生的心理感受，提出了针对性的解决策略和教育措施。

关键词： 后进生；教学实际；解决措施

一、后进生的成因

后进生的形成是多面、复杂而漫长的，唯有发现"病源"，从根源"治疗"，方可"药到病除"。笔者根据这两年接触到的后进生，认为后进生的成因主要包括以下4个方面。

（一）社会原因

急功近利的价值导向使人们降低了对孩子教育的关注。有的家长觉得无论是打工还是做生意，只要能挣钱就好，因而不重视孩子的学习。此外，现在的学生深受明星、网红、老板等的影响，形成了崇拜金钱的观念。这些都对学生的学业造成了负面的影响。

（二）家庭原因

家庭是孩子最初的学习环境，父母作为孩子的第一任教师，其言谈举止对子女的成长与发展有着深远的影响。有的父亲热衷博彩、嗜酒，游手好闲，这都不利于儿女的成长。此外，不少父母为了生计，外出务工，把儿女留在年迈的爷爷奶奶、外公外婆身旁，而老人一味宠爱孩子，对孩子没有进行严厉的管教。部分特殊家庭，尤其是因父母离婚或其他因素形成的单亲家庭，对儿女的关爱往往很缺乏。有些家庭重养轻教，忽略了对孩子的基本道德规范和学业生活方式的培育与引导，最终导致孩子求学目的不明确、求学心态不端正，学和不学都若无其事。久而久之，孩子的思想意识产生偏移，从而养成一些不好的行为习惯，成为了后进生。有的家长沉迷于手机、游戏，无形中也让自己的孩子深受其害，孩子只要稍不安静，就拿手机给他玩，孩子不吵不闹就好。

（三）学校和教师的原因

"冰冻三尺，非一日之寒"，后进生的形成，与学校管理、教师教育等也有一定的关系。学习上受到挫败时，由于老师的诸多责备，学生缺乏了学习自信。当学生在学习上屡遭挫折时，他们最渴望得到同情与支持，但倘若老师缺少了相应的耐心，挖苦、讽刺、责备学生，就必然会让他们质疑自己。学生几经受挫后，没有了自信，厌学情绪滋生。

（四）学生自身的原因

学生自身既没有端正学习态度，也没有培养起吃苦耐劳的精神，玩心较重，有一定的懒惰思想，对教师和家长的教导产生了逆反心态，对学习也失去了兴趣。学生中有的缺乏信心，自卑感强烈；有的学业无目标，学习态度不端正，学习兴趣淡

薄；有的学习习惯欠佳，上课经常开小差、走神、做小动作，不专心听讲，不做课堂笔记，课后不完成作业，不懂也不请教老师、同学，长期以来落下的知识点太多，导致认知上的断层，对新东西也无法掌握。

二、后进生转化的对策

对于后进生这个令人担忧的群体，教师应当接纳他们，走近他们，将真诚的爱洒向他们，让这些迟开的"花蕾"也能沐浴在阳光雨露中，健康茁壮地成长。那怎样做好后进生的转化工作呢？笔者将从6个方面加以阐述。

（一）调查摸底，建立个人档案

教师对后进生的转化就如同医生诊断疾病一般，首先要仔细检查，掌握原因，然后才能"对症下药"。因此，教师对每位后进生都要进行调查摸底，并建立好个人档案，以便"对症下药"。

（二）教师在教学工作中，应对后进生充满关怀

后进生的心灵都很脆弱，要细心呵护。后进生更需要得到肯定，哪怕一个微笑的表情、一个细微的动作，乃至教师的只言片语，都可以给他们莫大的鼓励。教师若能适时地给予关怀，那么对后进生来说，是黑暗中透出的光芒，是润泽心扉的滴滴

雨露，会更强烈地促使他们奋进，鼓舞他们前行。

（三）尊重后进生的人格

后进生通常由于学业较差或纪律不好，而长期受到冷漠、歧视。因此，他们通常都很敏感，表面上虽套着一层硬壳子，但心里还是希望获得老师和同学的认可、谅解及信赖。教师要严以律己，避开心理误区，尊重后进生的个性。教师厌弃、训斥、抨击、挖苦甚至变相体罚后进生，都可能会使其自尊心受到打击，从而导致他们产生逆抗心态和反抗行为。中国人民教育家陶行知曾说过："你的教鞭下有瓦特，你的冷眼里有牛顿，在你的讥笑中有爱迪生。"

（四）教师在教学工作中，要赏识后进生的优点

教师应适时表扬、鼓励后进生，满足其自尊心与正常的心灵需求。哲学家威廉·詹姆斯曾指出：渴望得到别人的认同和赞赏，是人类埋藏最深的本性。他还认为，一个没有受到鼓励的人，只能发挥其能力的 20%—30%，但当他得到鼓励之时，其能力可以发挥至 80%—90%。法国教育者卢梭曾说过："表扬学生微小的进步，要比嘲笑其显著的恶迹高明得多。"可见，面对后进生，教师应善于发现其身上的闪光点，激发他们的学习兴趣，并帮助他们重新找回信心。

（五）帮助后进生树立自信心

让后进生进步，首先要帮助他们树立自信心。教育后进生，不仅要善于捕捉他们身上的闪光点，挖掘其长处，还要把热情关心同严格要求结合起来。对后进生的转化目标和期望，要切合个人的实际和特点，引导他们制定个人进步计划，对他们的要求要由易到难、从低起步，帮助他们逐渐进步。在新的起点上，又提出高一点的要求，一步一个脚印地前进。这既是对他们的信任，也是让他们有目标可以奋斗，从而激发其进步的动力和培养其责任感。如果一下子要求过高，后进生会认为高不可攀而望而却步，最终还可能使他们的自信心崩溃。引导后进生进步并帮助他们重新建立起自信心是转化工作的重点。

（六）后进生的转化工作要在学校、家长、教师之间形成凝聚力

长期以来，学校教学和家庭教育的配合不够默契，教师苦口婆心地教导后进生，而家长却对自己孩子的学习情况缺少关心。教师应主动加强与学生家长的联系，将德育思想传递给家长，并叮嘱家长一定要配合学校对学生的教育转化工作，与教师沟通合作，一起帮助孩子进步。

总之，在"双减"政策背景下，后进生的转化工作，是一个非常漫长而复杂的工程。学校、家长、老师等各方面都要沟

通合作，共商良策、总结经验，探寻新规律，将对后进生的培养教育从思想层面落到生活实处，如此才能取得实效。

参考文献：

[1] 余蓉，杨斯涵，黄京 ."双减"动真格，缓释"教育焦虑" [N]. 湖南日报，2021-07-27（5）.

[2] 刘召平 . 浅析新课改下农村小学后进生转化的策略 [J]. 当代家庭教育，2020（12）：33.

[3] 陈杨 . 农村小学后进生的成因及转化策略初探 [J]. 小学科学（教师版），2016（10）：102.

"双减"政策背景下小学语文核心素养导向的
作业设计与实施研究

邰再旋

（贵州省台江县城关第三小学）

摘　要： 在"双减"政策背景下，教师在设计作业时应进行合理探究，优化作业设计。本文在分析小学语文作业存在的问题及原因的基础上，深入探讨了树立核心素养导向作业观的必要性，并总结得出实现小学语文核心素养导向作业设计的有效策略。

关键词： "双减"政策；核心素养；作业设计；小学语文

作业设计是小学语文教学中不容忽视的重要环节，对巩固学生的课堂所学、强化学生的知识印象有重要作用。教师应关注学生的能力迁移水平，按照"双减"政策的要求，逐步创新作业的布置形式，关注学生的个性化成长需要，精心设计和安排任务，适当缓解学生的学习压力。学生学科基础素质的训练尤为关键，是作业设计的根本依据，教师应改变语文作业类型单一、内容机械、评价片面等现状，利用形式多样的作业设计手段逐步内化学生的知识，从而达到提高学科素养的目的。

一、小学语文作业存在的问题及原因分析

（一）作业量多且质低，缺乏结构化设计

教师在布置作业时给学生分配的任务过于繁重，容易让学生在完成作业的过程中有心理负担。当前，很多小学语文作业中的题型都较为重复，多为抄写作业和习题册作业。长此以往，学生会认为完成作业是一项枯燥繁重的学习任务，这也给学生带来了身体、心理方面的负担。有的教师会在学生作业书写错误时进行惩罚，让学生手抄几十遍甚至上百遍。然而，这样的惩

罚起不到积极作用，只会增强学生对作业的恐惧。重复的作业浪费了学生很多的休息与玩乐时间，作业量大，学生的睡眠时间也很难保障，不利于他们健康成长，也无法提高小学语文教育教学的效率和质量。

（二）作业频率较高，作业难度偏大

有的教师为了拓展课堂教学内容，直接布置海量作业，且作业布置的频率也较高，课堂内外都布置作业，希望通过这种方式提高学生的学习成绩。在布置作业时，如果教师更多注重作业资料的分析和研究，不严格按照作业层次化要求合理划分作业难度，忽略对学生实际情况的综合考虑和分析就会导致部分作业的设计超出了学困生的理解范围及学习能力，使得这部分学生需要花费比其他学生更多的时间来完成作业。长此以往，学生会对语文学习丧失兴趣，甚至会损害学生的身心健康。

（三）作业形式机械，学生发展受限

在语文学科的教学中，出现了作业形式比较机械的现象，这不利于培养学生正确的学科思维方式，也无法调动他们的学习积极性。当前，语文教师布置的作业主要是生字词的抄写与默写及习题册上的练习题，这种机械的作业形式无法让学生形成思考、探索的学习习惯。"双减"政策在减轻学生课后作业负担的同时，也需要学生利用更多的知识资源来实现全面拓展。

这使得语文教师在进行作业设计时，不仅要考虑减少学生抄写类和练习类的作业，更要围绕学生身心发展的特点来加强作业设计的综合性，通过这种方式开发学生的创新型思维能力，让学生在新形式的作业中提高自身的学科素养。

（四）作业内容单一，核心素养难落实

在基础教育改革下，深度阅读、基本读写的教学思想深入课堂教学。但当前语文作业类型相对单一，忽视了学生的主体作用，不利于培养学生的独立阅读意识、实践能力及创新能力。教师设计知识面广、知识点比较多的语文作业，能够帮助学生提高语言学科的思维能力。然而，由于目前教师面临的工作压力较大，工作任务繁重，缺乏认真设计语文作业的意识，在设计语文作业时，通常把作业内容局限于课本，缺乏延伸、拓展，导致学生语文知识面受限，难以落实小学语文学科的核心素养。

（五）作业评价片面，缺乏针对性反馈

在小学语文学科的教学实践中，教师迫于多方面的压力，在批阅一般的抄写作业时，基本都是简单地翻阅一遍，在学生的作业中将错别字圈画出来让学生改正，然后对作业进行一个简单的等级评分，如甲、乙、丙。这样的反馈既没有激励性的

评价，也没有对可改进的地方进行逐一点拨，缺乏针对性。这就导致学习态度好的学生仍会认真对待作业，而学习态度差的学生则对作业越来越敷衍。

二、"双减"政策下树立核心素养导向作业观的必要性

（一）落实"双减"政策，减轻学生负担

2021 年 4 月，教育部办公厅发布的《教育部办公厅关于加强义务教育学校作业管理的通知》中指出：坚决扭转一些学校作业数量过多、质量不高、功能异化等突出问题。同年 7 月，中共中央办公厅、国务院办公厅印发的《关于进一步减轻义务教育阶段学生作业负担和校外培训负担的意见》中指出：健全作业管理机制、分类明确作业总量、提高作业设计质量、加强作业完成指导、科学利用课余时间。"双减"政策之于减轻作业负担在宏观上体现为对作业设计原则与设计趋势的要求，在微观上则可细化为教学实践中对作业数量及作业功能价值等方面的落实。优化语文作业设计是在"双减"政策背景下进行的。教师在设计新型作业时，需充分考虑培养学生的核心素养，让学生在完成作业的过程中能够得到思维和能力的锻炼与提升。减少书面作业，适当添加实践活动作业，让学生感受到更多学习及生活的乐趣。

（二）改变作业形式，发展学生素养

作业在教与学之间起着重要的桥梁作用，作业既可以作为教师课堂教学目标是否达成的评判依据，也可以作为学生是否掌握所学知识的杠杆，帮助学生查缺补漏。在"双减"政策背景下，作业应凸显育人作用，小学生的认知正从具体认知向抽象思维过渡。因此，家庭作业的内容和形式也要相应进行转变，教师要从学生的实际情况和兴趣出发，布置合适的家庭作业，给他们创造更多动脑的空间，引导他们善动脑、勤动手，让学生在动手操作的过程中获得深刻又直观的体验。例如：在学《竹节人》一文时，教师可以让学生利用课余时间制作属于自己的竹节人，再统一拿到学校进行比赛。丰富多彩的作业形式既能调动学生的学习积极性，又有利于培养他们的动手技能和思维能力，还有利于提高他们的语文核心素养。

（三）提高作业设计质量，促进语文核心素养的落实

作业是语文教学活动中不可或缺的一部分，在当前的小学语文作业设计中，教师需要注重主体参与、手段与方法创新、合理设定内容，遵循语文核心素养的标准和规律，从传统作业设计向新型作业设计转变，提高作业设计质量，从而充分挖掘

学生的学习潜力。核心素养研究对于课程设置、课程体系构建、作业设计都有着重要的引领意义，而语文作业的设计也需要聚焦于对语文核心素养四要素的反思和探索，才能有效提高学生的语文能力。

三、实现小学语文核心素养导向作业设计的策略

在"双减"政策背景下，家庭作业的诸多方面发生了显著变化，教师要主动应变、顺势而为，转变作业设计目的，创新作业形式、内容及评价方式，充分发挥语文的育人功能，为语文教学减负增质。

（一）减少作业量，多维度提质增效

教师需要围绕学生的发展特点，逐步优化作业设计，加强与其他任课教师之间的交流与联系，实现多措并举和协同共进。同时，教师还应该注意利用作业质量而不是数量帮助学生巩固知识点，依据学生的实际学习情况合理调整作业难度。教师应按照课程目标合理布置作业，减轻学生的作业负担，启发学生思考，真正实现提质增效。

（二）设定多元化作业类型，激发学生学习兴趣

为防止学生出现消极情绪，提高他们独立学习的能力，使他们高效完成作业，教师应从学生的角度考虑，选取他们比较喜欢的作业元素，将语文作业与学生生活实际紧密联系，创新作业形式。教师设计的作业内容不但要让学生掌握知识，也要注重对学生技能的训练。教师应布置一些开放性、自主性、创新性、可操作性的作业，在落实听说读写能力训练的基础上，不断提高学生的语文学科核心素养。

（三）分层设计作业，发展学科核心素养

在小学语文作业设计中，要想全面落实语文核心素养，促进学生的全面发展，教师需要基于核心素养设计差异性的语文作业。加德纳的多元智力理论认为：智力不是单一的、可量化的能力，而是多种不同的能力，每个人都在不同程度上拥有这些能力。独特的智能优势和学习方法是每个学生都有的，教师应对学生的学习能力有信心，考虑每位学生的优势领域与弱势领域，充分挖掘学生的潜能，多角度分层设计作业。教师要及时掌握学生的学习情况，为学生"量身定制"语文作业，以适应学习能力、认知能力不同的学生的学习需求，让学生在完成作业的过程中进一步

积累知识点，并找到适合自己的学习方法和技巧，从而提高学习效率和成绩。

（四）改变作业评价方式，建立综合评价体系

语文作业评价方式在一定程度上可以起到督促学生认真完成家庭作业的作用。然而，在实践中，学生作业本里常出现的批改方式仅为简单的"√"或"×"，缺少批注或有针对性的评语。教师可以在学生出现错误的地方给予批注，指出存在的问题和解决思路，也可以借助特殊符号进行评价。教师还可以采用学生互评方式，这种方式可以让学生互相学习、交流，共同进步。

四、结语

在双减"政策背景下，优化语文作业设计要求教师围绕学生的心理特征、学业进程、学习需要合理设计作业内容，作业形式丰富多样，摒弃以往的题海战术、知识灌输的作业布置形式，使学生在完成作业的过程中可以独立思考、全面探索、合作学习，让语文作业成为提高学生综合素质的重要工具，全面落实语文核心素养，展现出语文作业的育人价值，促进学生的个性化发展。

参考文献：

[1] 王月芬. 指向核心素养的单元作业设计与实施 [EB/OL].（2024-01-10）[2024-3-05].https://basic.smartedu.cn/teacherTraining/courseDetail? channelId=52dffd08-92c5-4fe2-bf2f-9a019a39f2c8&courseId=fb68fd26-0d6a-4caf-b811-a7715f9e138e&breadcrumb=%E4%BD%9C%E4%B8%9A%E8%AE%BE%E8%AE%A1&libraryId=1619e725-5a57-47cf-84cf-7459433a1e35&firstLevel=1af4c1ff-cb2d-4ef5-8f33-29b680f96aba&tag=%E4%BD%9C%E4%B8%9A%E8%AE%BE%E8%AE%A1.

[2] 教育部办公厅. 教育部办公厅关于加强义务教育学校作业管理的通知 [EB/OL].（2021-04-08）[2024-03-26].http://www.moe.gov.cn/srcsite/A06/s3321/202104/t20210425_528077.html.

"双减"政策背景下小学语文文言文群文阅读教学实践

杨小燕

（贵州省台江县城关第三小学）

摘　要: 部编版小学语文教材里的古文,简称为"小古文",它用词简单,逻辑性较强。在"双减"政策背景下,语文教师可引入文言文群文阅读教学方法,对文言文教学方式进行创新,提高学生学习文言文的积极性。本文以小学语文文言文群文阅读教学为例,探讨教师夯实学生文言文基础的教学方式,从而全面提高文言文群文阅读教学的有效性。

关键词: "双减"政策;文言文;群文阅读;教学实践

"双减"政策的提出,减轻了学生的作业及校外培训负担。那么,在这样的背景下如何有效提高语文教学质量,拓展学生课外阅读量,激发学生学习兴趣,成为当前学校需要迫切研究的重点。在教学过程中,笔者发现以往单调、枯燥乏味的古文教学模式越来越难以增强古文课堂教学的有效性。因此,我们开始将课程改革提出的教学模式和古文课堂教学相结合,形成了全新的文言文群文阅读教学模式。这种教学模式不但活跃了古文课堂氛围,激发了学生的思考,而且帮助学生走出了古文

知识机械记忆的桎梏,提高了他们在古文课堂上的学习积极性。我们课题组在开展"群文阅读在小学文言文教学中的策略探究"的研究中,灵活调整文言文群文阅读教学方法,让文言文课堂成为学生流连忘返的"学习园地"。

在整个研究过程中,我们课题组把小学语文课程中的文言文和课外文言文相结合,针对本校的学情,对课程进行研究,把教学当作重点,依据人文主题、人物、体裁、文本内容等来确定议题,以议题为主线,合理选择素材,从不同角度开发和

创新文言文群文阅读的资源。对课题组已开展的有关文言文及群文阅读教学的文章加以优化整合，并装订成册，形成适合我校的群文阅读文集。不仅如此，我们课题组还积极讨论并设计合理的教学实践活动，开展有效的文言文群文阅读方法指导。通过一年多的持续学习、探索，我们课题组已经研究和制定了 10 余节文言文群文阅读的实验课程。在探索实践中，课题组归纳出适合本校文言文群文阅读教学的基本框架，包括议题的确定、课文的选取、问题的设置三个层面。

一、议题的确定

在开展文言文群文阅读教学的过程中，我们首先需确定议题，然后根据议题选取一组文言文。文言文作为一种独特的文体，是我国古代人文思想的重要载体之一，蕴涵着中国古代的文化与思想。小学阶段学习的文言文最主要的特点是文字简练、篇幅较短、叙述内容较为简单。不同于白话文，文言文读音难，字义深奥。汉字在古代和现代的使用情况也存在着较大的差异，其中包括一些通假字和古今异义字，对刚开始了解文言文的小学生来说，由于不了解这些词语的含义和用法，掌握起来就比较困难。根据上述文言文的特征，在小学文

言文群文阅读的议题探讨中，我们课题组主要从以下几个方面来确定议题：

（一）以人文主旨为议题

部编版小学语文教材具有很强的单元整合性，很多被安排在同一个单元的文本都具有一定的共同点，这使得在进行文言文群文阅读教学时选取议题变得很方便。例如，语文课本三年级上册第八单元所选用的文言文作品为《司马光》，这一单元的人文主旨为"美好的品质"。《司马光》中所赞扬的精神是：人们不管碰到任何事都应沉稳冷静。同时，该文也可以让学生学习司马光平静自若、敢于救人的品质。这些都是美好的生活品质。因此，"美好的品质"可以作为议题。结合这一议题，再选取《孔融让梨》组成群文阅读篇目，以此体现美好品质的两个方面：一是对朋友，二是对亲人。一个体现勇敢智慧，一个体现传统文化中的温良谦让，具有互文性。又如，语文课本四年级下册《文言文二则》中所选用的作品为《囊萤夜读》《铁杵成针》，这一模块的人文主旨是"崇高的人格"，《囊萤夜读》体现的是学习的勤奋，《铁杵成针》赞扬的是坚韧的毅力，这些都是伟大的品格，因此，"伟大的品格"就可以被定为议题。

（二）以人物为议题

语文课本四年级上册中有一篇选自

《世说新语》的文章，叫《王戎不取道旁李》，根据故事中的人物王戎，可以以"王戎的智慧"为议题，补充两篇写王戎长大后事迹的文言文，组成群文阅读篇目，让学生更能感受到作为"竹林七贤"之一的王戎的智慧。

（三）以文章体裁为议题

例如，语文课本三年级下册第二单元的主题是寓言故事，课本中编排的文言文有《守株待兔》，"阅读链接"部分选取了《南辕北辙》的白话文。由此，"寓言故事"便可作为议题，将《南辕北辙》还原成文言文，再选取《刻舟求剑》组成群文阅读篇目，让学生在简短的故事中明白道理。

又如，语文课本四年级上册的《精卫填海》是一则神话故事，虽然简短，但是有趣，议题可定为"神话故事"，再选取《大禹治水》《愚公移山》组成群文阅读篇目，让学生在简短的故事中感受学习文言文的乐趣。

（四）以文本内容为议题

语文课本五年级上册第24课是《古人谈读书》，根据课文内容，议题可确定为"古人谈读书"，再选取《诫子书》《颜氏家训》（节选）组成群文阅读篇目，这3篇文本都是激励学生抓紧时间刻苦学习。

我们课题组对部编版语文教材中的部分文言文进行分析，并确定了相关议题，如表1所示。

表1 部编版语文教材中部分文言文分析表

年级	上（下）册	议题	选择的文本
三年级	上册	"美好的品质"	《司马光》《孔融让梨》
	下册	"寓言故事"	《守株待兔》《南辕北辙》《刻舟求剑》
四年级	上册	"神话故事"	《精卫填海》《大禹治水》《愚公移山》
	上册	"王戎的智慧"	《世说新语》中王戎部分节选
	下册	"伟大的品格"	《囊萤夜读》《铁杵成针》
五年级	上册	"古人谈读书"	《诫子书》《颜氏家训》（节选）
六年级	上册	"艺术之美"	《伯牙鼓琴》《书戴嵩画牛》
	下册	"学习之道"	《学弈》《纪昌学射》

二、课文的选取

小学阶段学习的文言文最主要的特点就是文字简练、篇幅较短。不同于白话文，文言文读音难，字义深奥。因此，在开展文言文群文阅读教学时，所选文本应当相对简单，数量也不要过多。例如，在开展议题为"小故事，大道理"的文言文群文阅读教学时，我们选择的文本是《刻舟求剑》《滥竽充数》和《鹬蚌相争》，这三篇文言文内容简短、生字少，学生可以结合注释，理解内容。

三、问题的设置

古语云："学起于思，思源于疑。"在文言文群文阅读教学中，设置的问题数量不应太多。教师向学生抛出问题，引发学生的思考，从而达到教学目标。一个有效的问题，能够调动学生的积极性，并推动其思维能力的发展。刘大伟、蒋军晶曾提出：群文阅读教学中很重要的推动力就是合理设计的问题。表2展示了我们课题组的教师在文言文群文阅读教学中设计的部分问题。

表2　课题组教师在文言文群文阅读教学中的问题设计示例表

议题	问题
"美好的品质"	①司马光和孔融给你留下了什么印象 ②说说你身边是否有拥有这样美好品质的人
"王戎的智慧"	①说说王戎不取道旁李的原因 ②学习这几篇文言文后，你觉得王戎是个怎样的人
"寓言故事"	①故事中的主人公错在哪里？他们有什么相似的地方 ②你在生活中见过这样的人吗
"古人谈读书"	①古人读书的方法是什么？从文中找一找相关句子 ②说说这几篇文言文给你的读书启示是什么

综上所述，文言文群文阅读教学是学校语文课程的主要教学内容之一，教师在课堂上应结合学情与文本，探索合理的教学模式，以发挥文言文的教育价值，弘扬中华民族的优秀文化，提高学生的语文素养。

参考文献：

[1] 张广荣.小学文言文教学初探[J].新教师，2017（4）：41-42.

[2] 林映红.小学文言文兴趣教学刍议[J].课程教育研究，2017（28）：49-50.

[3] 黄斐.核心素养背景下小学语文群文阅读策略探讨[J]课程教育研究，2019（39）：87-88.

小学中学段语文家庭作业的问题及优化措施

张海平

（贵州省台江县城关第三小学）

摘　要：学生在完成家庭作业时出现书写态度不严谨的现象，这很大程度上源于教师作业设计的不足，具体表现在：作业内容缺乏创意与多样性，导致学生仅进行简单的机械抄写，思维活动受限；作业未能贴合学生的实际水平及个人需求，缺乏针对性；对于作业中出现的错误，缺乏老师及时具体的反馈，导致学生未能及时修正。为解决这些问题，建议教师在布置作业时注重启发性与差异化，鼓励学生主动思考，同时建立快速反馈机制以促进学习效果的提升，从而端正学生的作业态度及提高学生的作业质量。

关键词：小学语文；家庭作业；优化措施

一、问题背景

2021 年 4 月，教育部办公厅发布《教育部办公厅关于加强义务教育学校作业管理的通知》后，2021 年 7 月，中共中央办公厅、国务院办公厅印发了《关于进一步减轻义务教育阶段学生作业负担和校外培训负担的意见》，该意见中第二条指出要"全面压减作业总量和时长，减轻学生过重作业负担"，具体要求为健全作业管理机制，分类明确作业总量，提高作业设计质量，加强作业完成指导，科学利用课余时间。

为了准确了解和掌握我校中学段学生语文作业完成情况，获取课题研究的第一手材料，从而为学生设计出更高质量的语文家庭作业，提高他们完成家庭作业的兴趣，落实语文核心素养，我校课题组以三、四年级学生为研究对象，对教师、学生、家长进行访谈，并设计了"某某'双减'政策背景下家庭作业情况问卷调查"，通过问卷了解学生家庭作业完成情况及学生的个人需求。

二、存在的问题

（一）学生书写不认真，字迹潦草

小学中学段的学生正处于从铅笔字向钢笔字过渡的学习阶段，还不太适应，再加上学生书写不认真，教师不注重强调字的笔画、笔顺，或有些教师强调了，但学生不用心听课等原因，使得一部分学生没有按笔顺写字，想到哪笔就写哪笔，从而造成学生书写汉字时字迹潦草、多笔少点等问题。

（二）教师布置的基础性作业较为单一，学生机械抄写，不动脑筋

教师布置的作业几乎都是抄写生字、词语，背诵古诗和格言警句等，如果长期布置这种机械性的作业，学生会觉得没有挑战性，逐渐产生厌倦感，从而在做作业时心不在焉，不愿意动脑思考，进而影响其思维能力的发展。

（三）作业千篇一律，教师没有针对学生的实际需求进行设计

我们面对的是从各校合并来的学生，其基础和作业习惯是不一样的，有的学生书写速度快，有的学生书写速度慢；有的学生书写规范，有的学生书写潦草、错字多。读题的速度差异也很大，有些题目三十秒就可以完成，而速度慢的学生则要花三四倍的时间才能完成。如果作业都一样，有时会让学困生觉得困难，而学优生又觉得太容易，缺乏挑战性。

（四）错别字没有及时进行有效指导纠正

小学中学段的学生在作业中反复出现的错误为：① 一个字多笔少点，如"烧""今""晓"等字，学生容易多一点；② 对字义理解不透彻，用错偏旁，如"鼎""晴""暖"等字，就容易把偏旁"目"写成"日"，把"日"写成"目"；③ 不懂意思而用错字，如"幕""墓""暮""应""因"等字，即使教师讲解过了，过几天学生还是会写错，弄得教师很头痛，学生也不知所措。这些错别字如果不进行有效指导纠正，长此以往，学生写的错别字就会越来越多。

三、优化措施

①针对学生书写不认真的问题，教师要帮助学生养成良好的书写习惯，提高语文素养。笔者建议每位学生都买一本练字本，每天至少用10分钟时间来练字。教师也要坚持每天对学生的练字本进行检查、批阅，早上发放给学生，下午放学时交给教师。一开始，学生的自觉性不强，需要教师随时监督，但坚持一个月后，学生的习惯就能基本养成了。教师应每个星期定时评一评谁的字写得规范，谁写字进步了，

给学生评"书法之星"。为了激励写字不怎么好，从来没得到表扬的学生，笔者还设置了"书法进步奖"，以避免有的学生因从来没得奖而失去信心。这样几个月下来，学生的练字习惯也就不知不觉地养成了。

②针对教师布置的基础性作业较为单一，学生机械抄写、不动脑筋等问题，教师要精心设计基础性作业，适当增加探究性、实践性、综合性作业。

基础性作业包括生字、词句、古诗文、成语典故、格言警句等语言材料的积累与运用，借助语言材料感知汉字、汉语的基本特点，探究、领悟语言文字运用的规律。笔者会对基础性作业进行一些巧妙的改动，学生需要动脑才能顺利地完成，以此激发学生写作业的兴趣。例如，在四年级第二单元的作业中，笔者对基础性作业进行了这样一些巧妙的改动，设计如下：

A. 读词语，和同学一起做"口头编故事"的游戏。大胆想象，故事中尽可能多地应用下面的词语。

豌豆 按照 暖洋洋 舒适 黑暗 强壮 愉快 感激 蚊子 即使 灵巧 等待 苍蝇 横七竖八 科学家 研究

雷达 驾驶员 耐心 手枪 呼风唤雨 腾云驾雾

设计目的：学生会读本单元的词语后，和同学口头编故事，让学生在巩固本单元词语的基础上学以致用，还可以发展学生的想象力。

B. 用你喜欢的方式归类书写本单元要求会写的字。如可以按照汉字的结构、偏旁、音序等归类。

设计目的：避免让学生机械地抄写，经过一番思考后再做题，提高学生的作业热情。

③针对作业千篇一律，没有贴合学生的实际水平和个人需求的问题，教师要进行补差培优的作业训练，创新作业内容与形式，调动学生学习的积极性。针对小学一、二年级不留书面家庭作业，到小学中学段的语文、数学书面作业不超过1小时的关键时期，要有针对性地、系统性地设计作业，让基础不同、作业习惯不同的学生更好、更快地均衡发展。作业设计要具有灵活性，满足不同层次学生的学习需求，要避免布置学生已经懂了的，或者难度大的题目。布置学生懂了的，学生会觉得没有挑战性，提不起兴趣；经常布置难度大的，学生因为不会做而失去自信心，长期失去自信心的孩子就会产生厌学情绪。

例子：让学生预习语文课本四年级下册第四单元第13课。要求如下：①读三遍课文，圈出生字，给生字注音、组词。②下面两个题中任选一题完成：A. 读完课文后，画出思维导图；B.读一读课文中的词语，把词语各写两遍，并将爱写错的字用红笔标示出来。学优生通过阅读，思考后会画出思维导图，而基础差的，阅读有障碍的学生如果不会做 A，那么可以选择完成 B，学生很喜欢这样的作业。

设计目的：让不同层次的学生根据自己的需要自由选择作业，让学优生挑战一下有难度的作业，同时也不会让学困生因为完成不了作业而逐渐失去学习的信心。

④针对错别字没有及时进行有效指导纠正的问题，教师要及时、科学、有效地指导学生改正错别字。做错的题如果没有及时纠正，或者纠正了不分析错误的原因，学生会一错再错。因此，学生经常出现错误的题，无论大小，教师都应及时解决，及时给予学生帮助，给学生提供解题思路而不是直接给出答案。我要求我的每位学生都准备一本语文错题改正本，刚开始如果不进行指导，学生只会把错误答案改为正确答案。学生因为不会进行分析，所以下次还是会错。

A. 提前指导。一开始我会对每一种类型的题进行讲解分析。对于学生的错别字，我会亲自分析例字，展示给学生看，让学生学习、模仿。如学生经常将"今天"的"今"字写成"令"字，我要求学生把易错的笔画"点"用红色笔标示，并写上"不要多一笔"。学生容易混淆"买"和"卖"，我帮学生分析，"卖"字头上有十字架，就像卖东西时要有架子摆货，而去买东西时可以空手空脚地去买。对于"心情"写成"心晴"等这样的错误，我会跟学生分析"情"是心字旁，与心情有关，"晴"是日字旁，与太阳有关。

B. 让学生模仿教师的分析思路去分析其他同样类型的错别字、错题，经常这样练习，学生头脑中就会形成一种模式，碰到相同类型的题就会自己分析了。

C. 由模仿到创新。当学生会模仿教师的分析思路后，教师还要鼓励学生进行有个性的创新分析。

四、结语

总之，在全面实施素质教育的今天，教师要把握课程标准精髓，关注学生个性差异，丰富作业形式，控制作业总量和时间，使学生学得轻松，学得快乐。

参考文献：

[1] 李颖."双减"背景下如何布置语文作业 [J].安徽教育科研，2021（35）：58-59.

[2] 马书芬.浅谈优化小学语文作业提高小学语文质量 [C]// 教育部基础教育课程改革研究中心.2020年"教育教学创新研究"高峰论坛论文集.未出版，2020：406.

集团化办学提高小学教师队伍建设水平的策略与实践

梁丹娜

（贵州省贵阳市甲秀小学）

摘　要：为了贯彻落实贵阳市教育局关于集团化办学的要求，实现互惠互助、共同成长的目标，贵阳市南明区甲秀小学教育集团制定了一系列实施策略。通过师资共享与培训、优势互补以及多种形式的共同成长策略，成功打造了一支高素质的教师队伍，为提高整个集团的教育质量奠定了坚实的基础。

关键词：集团化办学；实施策略；教师队伍建设

为了贯彻落实贵阳市教育局关于集团化办学的要求，实现管理、师资、设备等优质教育资源的共享，保证学生享有同等的教育品质，实现互惠互助、共同成长的目标，甲秀小学坚持以科学整合和扩大优质教育资源为手段，充分发挥集团校的影响、辐射、示范和带动作用，努力缩小集团校和各成员校间的办学差距，稳步推进集团内各校均衡、优质、持续发展。

一、党建强基，文化铸魂

集团校坚持强化组织领导，做到平稳有序，利用暑期进行教师培训，统一教师思想，加强宣传力度，营造全员支持集团化办学的良好氛围。集团校还定期举办校级班子行政例会、中层管理经验交流会、班主任论坛，探索构建集团校管理制度，共同研究解决相关问题，构建稳定和谐的良好局面。

（一）重视成员校文化宣传，构建发展共同体

在学区化、集团化的背景下，要使各成员校间构建发展共同体意识，首先要让成员校对集团化办学有较高的认同感。要让成员校对集团化办学有一定认同感，首要

任务是加强集团化办学的宣传力度，让各成员校充分了解集团化办学的优势。只有清晰地认识到集团化办学对自身发展的优势，才能有获益的预期，这样的预期可以促使各成员校自主产生命运共同体的意识。

甲秀小学教育集团在加强文化宣传的力度上做了以下尝试：首先，学区校、成员校利用定期召开的工作会议进行渗透式宣传。对于各学区校、成员校而言，无论是进行工作部署、过程管理、监督评价，还是总结表彰的过程，都是在进行甲秀小学教育集团"敢为人先，勇于承担，争做甲秀人"的文化渗透，这使得成员校明白自身发展对甲秀小学教育集团的意义。其次，利用管理者的流动在学区间、集团内加强宣传力度。在甲秀小学教育集团开展的活动上，或是以甲秀小学教育集团为单位开展的适合广大师生参与的高层次的广域集团活动中，一定要向各成员校、学区校进行活动的宣传讲解，让成员校、学区校清楚活动意义、参与方式，有利于自身有针对性地参与。最后，通过学区间、集团内的宣传，调动起教师群体对专业发展的意愿，提高教师对集团化办学的认识，增强教师对甲秀小学教育集团的文化认同感，从而凝聚各成员校的管理力量，达成深度共识，推动各成员校之间、学区间以及教师间的文化认同，在文化认同的基础上，学校的工作更有成效，更能促进教师的专业发展。

（二）优化青年教师的成长环境，打造青年教师成长的摇篮

师德师风，为师之本。在青年教师的成长过程中，甲秀小学一直将培养教师的职业道德修养置于首位，坚持在"甲秀精神"的指引下，要求教师坚持"四个统一"，让所有教师牢固树立做新时代"四有"好教师的崇高理想。

在这样的背景下，甲秀小学大力组织开展"传承甲秀精神，做新时代的'四有'好老师"的青年教师培训活动，举办青年后备干部恳谈会，组织学区内的名校长、特级教师和骨干教师为青年教师做培训、专题讲座以及优质课的展示，为青年教师做好榜样示范。甲秀小学鼓励青年教师以学科为载体创建研修小团队，积极开展教育科研活动，并踊跃申报各级各类课题。甲秀小学还邀请了老一辈的优秀校长及教师到校，组织青年教师聆听他们甘于奉献、为教育事业艰苦奋斗的事迹。这些举措为青年教师营造了积极向上、敢于挑战自我、勇担重任的文化氛围和良好的成长环境，不仅坚定了青年教师的教育信念，激发了他们献身教育的凌云壮志，也为他们的专业发展带来了启迪和思考。

（三）树立终身学习的理念，组织观看《贵州教育大讲堂》

首先，领略"教育发展之美"。《贵州教育大讲堂》第十四期节目以"教育发展之美"为主题，节目内容以推动中国共产党全国代表大会精神在教育系统的落地生根、开花结果为宗旨，讲述了过去5年教育面貌发生的格局性变化和未来5年教育发展再创新绩之路。上篇"奋进这5年，教育跑出加速度"，从教育保障之美、巨变之美、公平之美等方面，重点回顾了中国共产党贵州省第十二次代表大会以来的五年，教育面貌发生的格局性变化。人民群众在教育上的获得感、幸福感、安全感不断增强，师生们享受到了实实在在的政策红利。下篇"走好赶考路，美的教育谱新篇"，从教育使命之美、未来之美、发展之美等方面，诠释了中国共产党贵州省第十三次代表大会精神，并鼓励大家以永不懈怠的精神状态和一往无前的奋斗姿态，接续赶赴时代大考，充分彰显教育发展之美，为谱写多彩贵州现代化建设新篇章做出新贡献，以优异成绩迎接党的二十大胜利召开。甲秀小学教育集团的全体教职工收看后，备受鼓舞，掀起了学习贯彻中国共产党贵州省第十三次代表大会精神的热潮。我们以学习中国共产党贵州省第十三次代表大会精神为契机，不断加强政治理论知识和业务知识的学习，努力为贵州省高质量发展添砖加瓦。

其次，善用"大思政课"，构建育人新格局。《贵州教育大讲堂》第十五期节目立足于深刻理解和把握中国共产党贵州省第十三次代表大会精神，把握教育在实现中华民族伟大复兴进程中的使命与担当，全面展示了贵州"黄金十年"的发展成就，将宏大的叙事方式与艺术呈现相融合，为师生呈现了一场别开生面的思政课堂，带领师生充分认识和领悟忠诚之美、职业之美、技能之美、奋进之美和奉献之美。观看完此次大讲堂后，甲秀小学教育集团的全体教师纷纷表示，"大思政课之美"激励我们发奋图强，坚定理想信念，为中华民族伟大复兴插上腾飞的翅膀。作为教育工作者，我们将不忘初心、牢记使命、为党育人、为国育才。

此外，《贵州教育大讲堂》的节目内容还包括民族复兴之美、五育并举之美、教您如何防疫等，各位教师应树立终身学习理念，在观看《贵州教育大讲堂》的过程中不断更新教育理念，学习教学管理方法，始终坚持以习近平新时代中国特色社会主义思想为指导，全面落实立德树人根本任务，不忘初心，感恩奋进，脚踏实地担大任，在开创多彩贵州新未来中，实现人生的精彩。

（四）增强教师的思想认识，组织学习中央重要文件精神

为深入贯彻落实习近平总书记关于统计工作重要讲话和重要指示批示精神，全面贯彻落实党中央、国务院关于统计改革发展重大决策部署，2022年8月13日，甲秀小学教育集团的全体教师通过网络自学，学习习近平总书记关于统计工作重要讲话指示批示精神及《关于深化统计管理体制改革提高统计数据真实性的意见》《统计违纪违法责任人处分处理建议办法》《防范和惩治统计造假、弄虚作假督察工作规定》《关于更加有效发挥统计监督职能作用的意见》等文件精神。同时，全体党员教师根据学习内容抄写自学笔记，并及时学习贯彻党中央关于统计工作的重要文件精神，提高思想认识。

通过学习，全体教师纷纷表示，作为一名人民教师，需要多学习、多了解各方面的知识和法律法规。

二、搭建平台，以赛代练

为提高教师队伍建设水平，甲秀小学以各级各类赛课为契机，为教师专业发展搭建平台。根据贵阳市南明区教育局的文件要求，甲秀小学积极组织教师参加省、市、区各级竞赛活动，以此提高教师的综合素养及教育教学水平，从而为学校师资队伍的建设奠定坚实的基础。

甲秀小学组织开展集团校"三字一话"教师基本功比赛、"从游课堂"教学技能比赛等活动，鼓励集团成员校教师积极参与青年教师竞赛课、骨干教师示范课等，激励教师群体比学赶超，最大限度地发挥个人的专业潜能。以我校牵头组织、集团校联合参与的形式，共同开展教师"三笔字"训练和普通话的推广活动，继续树立集团校教师说普通话、写规范字的教育教学风气，进一步推进并巩固语言文字的规范化使用。此外，学校分年级、分学科建立教研微信群，分享课堂教学智慧，提高教学质量。

（一）基于骨干教师引领，建设教师成长共同体

随着社会的不断发展，教师教育理念也在不断丰富与发展。因此，教师队伍建设方式也在发生变化，从之前强调个体学习向重视合作学习、共同发展转变。在集团龙头校甲秀小学的支持下，各学区积极整合学区内骨干教师资源，鼓励骨干教师组建教师成长共同体（详见表1），充分发挥骨干教师的引导、辐射作用。

表1 教师成长共同体的具体信息

时间	学科	团队	团队职责	使用工具
4月25日 4月26日 5月11日 5月12日 5月13日 （共5天）	语文课4节 数学课4节 英语课3节 道德与法治课1节 科学课1节 音乐课1节 体育课1节 美术课1节 信息技术课1节 综合实践课1节 （共18节课）	观课、集体备课团队（本年级或本学科教师）	①本年级本学科教师全程参与集体备课、观课 ②为授课老师提供帮助 ③拍照、制作简报等	观课者：课堂评价表
		评课教师/执教教师研究共同体（两人组队）	组成研究共同体的两人全程共同备课	①执教老师：教学设计、说课稿 ②评课教师：评课稿
		项目筹备、管理团队	①开发、规范工具： A.活动方案 B.各学科课堂评价表 C.说课模板 D.评课模板 ②负责活动的全程管理及资料的收集与整理	

首先，教师成长共同体的根本意义在于满足教师的自我成长需求，在此共同体之内，凡是甲秀小学教育集团的骨干教师都可以自主申报成为"圆心"，以主题式或项目式的成长主题招贤纳士，不论学科、不论学段，吸收甲秀小学教育集团的教师成为教师成长共同体中的一员。这样的成长共同体是教师通过相互合作构建起来的从事教学研究的团体，教师可以与校内外的其他教师交流教学经验、共同参与教研活动等，合作互动的方式可以拓宽教师的视野，更新教师教学观念和方法，增加教师的知识储备，以实现教师自身发展的目的。其次，在教师成长共同体建设和发展的过程中，每位教师既有明确的分工，又可以互相合作，不断改进教学方式，为教师专业成长提供良好的学习环境。教师成长共同体中的教师通过相互交流教育实践中的困惑、心得，专业学习的技巧、资料与信息等内容，实现思想碰撞，促进自身的专业成长。在这样的团队中，教师能够感受到学习的幸福，并创造更多的幸福，通过和谐的交往和共同的提升形成良性循环，促进教师教学能力的提高，从而实现学校的可持续发展。毫无疑问，在这个成长共同体中，由于打破了校际间、学科间的壁垒，也没有了学段的限制，成员知识共享、思想聚合，成员们会不断反思自己

的专业知识，从而获得专业发展，而这样的专业发展更能够激发成员们的内在动力，进而实现个人和学校的发展。

● 案例一：

甲秀小学 2020—2021 学年第二学期多彩教育专题研究"从游课堂"大练兵架构

在新课改的不断深入和素质教育的全面普及下，我校以"双减"推动"双提"（教学质量提升、教师专业水平提升），引导教师认真探索更具生机与活力的课堂教学模式，结合我校校本教研主题"学生课堂倾听力与表达力培养策略的研究"，学习现代教学理论，钻研课程标准和教材，全面提高教师的教学能力。秉承甲秀小学多彩教育理念，三年级数学组教师在教务处的带领下，以团队合作的方式积极参与"从游课堂"教学大练兵活动，为年级组教师提供一个相互交流、相互学习、相互促进、相互提高的平台。

1. 准备阶段

接到学校的这项工作任务后，我校"数学文化成果"展示，选择了《日历中的秘密》作为教学内容，并推选了年轻教师郑涵来承担授课任务，三年级数学组的其他教师也进行了明确分工，在教师的共同努力与合作下，教学设计、课件制作初步

完成。

2. 研讨阶段

前期准备工作完成后，三年级数学组教师又进行了几轮试讲磨课，研讨并修订了教案和课件。大家各抒己见，积极献策。

3. 展示阶段

2021 年 4 月 29 日，郑涵老师在学校多媒体教室代表三年级数学组进行了教研课展示。课堂上，在郑老师的引导下，学生们积极思考、探索、互动，课堂学习氛围浓厚。

4. 收获阶段

展示结束后，贵阳市南明区教师学习与资源中心专家李贵萍老师对这节教研课进行了点评。李老师首先肯定了教师们的认真付出及这节课的闪光点，接着也给教师们提出了很多中肯的意见。李老师的点评结束后，三年级数学组的教师们也针对这节课进行了反思和总结，之后将根据李老师的建议进一步完善教学设计，提高课堂教学效率与质量，更新自己的教育理念，切实做到以"双减"推动"双提"，从而全面增强学生的学习主动性，有效提高其数学知识的学习质量。

甲秀小学教育集团利用信息化资源，为各成员校搭起建研修管理一体化平台。此平台是甲秀小学承办"国培计划（2022）"一对一精准帮扶培训项目，

帮扶台江县城关第三小学的重点内容之一，是集团内、成员校间教师发展"从游课堂"的线上平台，可以在线选定培训预案，是集网络研修、校本研修、课堂实录考核于一体，将学习、研讨、课堂教学、在线测评、应用能力评价等功能相结合的研修管理一体化平台。建研修管理一体化平台的软硬件设施完备，网络系统运行稳定，能满足学员自主化学习需求，并根据学习情况提供完善、合理的考核评估体系，研修数据可视化分析及研修全过程监控，基于教研组的校本研修模式，配备协同研修工具，支持自主或跨校开展网络研修，有大数据分析的听评课系统、自定义教研活动系统等。建研修管理一体化平台致力于实现一训一平台，一学一流程，一师一空间的个性化配置。

从游活动

甲秀小学教育集团依据"国培计划"相关要求，纵深发掘学校现有资源，组建起强大的专家团队，制定出科学、高效的课程规划，促进教师成长共同体及建研修管理一体化平台的发展。

课程规划以"一起向未来"为主题，建立起学科融合模块化课程资源平台，旨在通过学区间与集团内的学校共建、共发展，进一步助力甲秀小学教育集团实现价值转变、能力提升、队伍建设、高效管理的一体化与飞跃式发展。课程规划中包含"北辰"德育课程、"蝶变"文化课程、"从游"教师发展体系、"预见"学校安全管理课程四个部分：

"北辰"取自《论语》中的"为政以德，譬如北辰，居其所而众星共之"，旨在通过党史学习教育、师德教育等一系列课程，引发教师自身精神追求的转变。

"蝶变"以苗族文化中"蝶"的形象为核心，表达对民族文化的尊敬及对学校焕然一新的期待。

"从游"出自梅贻琦先生的《大学一解》："古者学子从师受业，谓之从游，孟子曰，'游于圣人之门者难为言'，间尝思之，游之时义大矣哉。学校犹水也，师生犹鱼也，其行动犹游泳也，大鱼前导，小鱼尾随，是从游也，从游既久，其濡染观摩之效，自不求而至，不为而成。"甲秀小学教育集团希望通过专家引领、工作坊共修、团队互相带动等方式，激活台江县城关第三小学教师队伍的活力，提高其整体质量。

"预见"是期待学校建立高效的现代化安全预防体系，实现永远零安全事故的目标。

具体情况见表2。

表 2　课程规划具体情况

主题	子项目名称	主要内容	开展形式	目标	成果	支持
德育	"北辰"课程	爱国爱党	德育活动、德育课程	提升师生精神面貌，帮助师生做好准备；从实际入手，构建有特色、有效用的德育体系	读本、示范课、特色活动	贵州省文明办、中共贵州省委政策研究室（省委改革办）
		民族团结				
		文明礼仪				
文化熏习	"蝶变"课程	民族特色	丰富校园文化、构建校园管理体系	从需求入手，通过对学校软、硬件设施的完善，构建独具特色的优秀民族文化教育体系	办学文化的丰富和教育理念的提升、读本	贵阳学院、贵州省民族博物馆
		三小文化				
		传统文化				
教师发展	"从游"课程	基本功	三字一话	抓住教师提高的关键途径，通过提高教师的教学基本功，为后续系统提高教师队伍建设水平打下基础	构建了教育教学管理体系、建立了教师成长工作坊、备课本、优质课。	各级教研员、专项专家
			备课规范			
			教研规范			
			课堂规范			
		素养提升	内驱力提高计划	通过工作室、工作坊等平台开展培训课程，帮助教师树立追求"卓越"的成长目标；通过专家和教研员的帮助，提高教师的教育科研能力，为教师个人成长和学校长期发展注入活力	成长手册、论文	
			教科研能力提升计划			
		心理健康	建立工作站、开展培训	关注师生心理健康，制定师生心理健康关注与预防策略	建立了校本心理工作站	
安全管理	"预见"课程	安全体系	调研、培训	帮助学校筑牢安全底线，切实解决学校安全管理方面的问题，帮助学校构建有效的安全管理体系	安全管理手册	专业单位和团体

（二）开展主题比赛，提高教师的专业素养

为深入学习贯彻习近平新时代中国特色社会主义思想，引导广大教师进一步深化对党史的认识，把学习党史同教师技能提升、师德师风建设结合起来，进一步夯

实教师教学基本功，提高教师专业素养，献礼中国共产党百年华诞。2021 年 5 月 25 日，甲秀小学教育集团举办"学党史、颂党恩、话信仰、强师能"主题教育教师"三字一话"大赛。

在钢笔字书写比赛现场，参赛的教师们全神贯注、一丝不苟，成为一道亮丽的风景线。点横撇捺，工整美观，老师们深厚的书写功底在一张张稿纸上呈现出来，赢得了专家评委的称赞。在毛笔字书写比赛现场，教师们挥毫泼墨，尽其所能展现自身的书法技能。每位教师的作品各具特色，楷书端正整洁，行书飘逸潇洒、形神兼备，教师们将自己对书法文化的理解和对教育的热爱融入自己的作品中。参加粉笔字书写的教师也胸有成竹，尽情挥动他们手中的粉笔，一幅幅富有个性的作品展现在大家眼前，有的刚劲有力，有的潇洒飘逸，有的大方得体，有的秀气隽美……普通话比赛同样在会议大厅开展得如火如荼。教师们台风稳健、富有激情、自然面对听众、普通话标准、语言流畅、语调平仄起伏，热情洋溢地分享着自己的人生经历和生活感悟。

经过对甲秀小学教育集团 12 所成员校的预赛选拔，共有 42 名教师进入复赛。复赛采用现场命题、现场打分的方式，角逐各单项的一、二、三等奖。最终评委一致推选杨菲、罗乐、钱龙、谭启松四名教师代表甲秀小学教育集团参加贵阳市南明区决赛。

本次活动不仅展示了教师风采，丰富了教师的精神生活，也为教师交流学习搭建了平台，进一步提高了教师的教学水平，促进了甲秀小学教育集团教师队伍的专业化发展，对落实高效课堂、提高教学质量有着积极的意义。

（三）基于核心素养，开设素质教育精品课程

为了落实《国家中长期教育改革和发展规划纲要（2010—2020 年）》，全面深化课程改革，落实立德树人根本任务，甲秀小学教育集团拟开设基于核心素养的素质教育精品课程，以提高学校课程的整体价值、建立永续的学校组织生态和促进师生的主体性发展为课程规划的目的，研制出以课程愿景、组织制度、课程方案、行动方案、评价方案为内容架构的精品课程规划体系，通过课程实施观念的更新、学校课程领导水平的提高以及教学行为和学习方式的转变等策略来促进基于核心素养的素质教育精品课程规划的全面实施。

2018 年 3 月至 10 月，甲秀小学教育集团开展了"培养学生核心素养，提高教师教学技能"的研讨课大赛，活动对象为贵阳市南明区甲秀小学新华校区和山水校区的全体教职员工、学生。在方法途径上，一是师资为先，教师是落实核心素养、实现素质教育的关键所在，要充分重视教师的转化作用。无论核心素养如何落实到课程标准之中，如何在教材中进行科学合理的设计，若缺乏教师这个关键角色，基于核心素养的课程改革将流于空谈。二是教学落地，教学是核心素养落实到课程中的具体执行过程，来源生活，回归现实，是落实素质教育的根本途径；三是评价引领，课程评价是落实核心素养的重要抓手，基于核心素养的课程评价能够充分发挥素质教育的引导作用；四是校园建设，学校是核心素养落实的重要沃土，对学生的发展具有潜移默化的作用，应积极构建与核心素养相适应的学校文化和氛围；五是技术融合，信息技术是实施核心素养的重要技术保障，现代化信息技术与教育教学的深度融合是基于核心素养素质教育课程改革的必然趋势。

三、精准培训，结对帮扶

甲秀小学教育集团坚持加强教师成长共同体的建设力度。甲秀小学教育集团在设计和组织活动的同时，要多考虑各成员校教师参加的可能性，开展有实效性的，能促进教师专业成长的教研活动、继教培训、法律法规培训等，以及坚持开展青年教师培训活动，培养优秀青年教师。

（一）以老带新，实施哺新育新"青蓝工程"

随着教师队伍建设的推进，各学区校和成员校组织骨干教师与青年教师结对，充分发挥骨干教师的传、帮、带作用，切实做好新教师的培养指导工作。由甲秀小学牵头组织实施的"青蓝工程"，以师徒结对的形式落实"传、帮、带"活动，核心在于提高青年教师的课堂教学能力。"青蓝工程"以师徒协议的形式固定下来，明确师徒各自的职责和义务，并对指导教师和青年教师提出了明确的要求。

首先，指导教师应履行职责和义务，帮助青年教师提高思想认识，树立正确的学生观、教育观，具备认真负责的工作态度，主动与青年教师交流谈心；指导青年教师科学设计、组织、实施教育教学活动；指导青年教师研究每学期的教学计划，分析教材，确定教学重、难点，明确教学目标，选择教学方法；每周听一节青年教师的授课，课后及时评价，共同研究改进教法的措施，并做好记录；每学期要指导青年教师面向全校上一节汇报课；每年要指导青年教师结合实践写一篇教学总结或教学论文；所指导的青年教师要在三年内通过思想品德关、教学技能关、教材教法关、教育管理关、教育科研关，成为教学新秀。

其次，青年教师应严格要求自己，认真履行教师职责，恪守师德承诺，树立"以生为本"的教育理念，尊重、关爱每一位学生；对待师徒关系，态度要严肃、端正，认真钻研教育教学理论，严格执行教学常规，尊重指导教师，主动争取指导教师的帮助，虚心学习，有疑必问；每周至少要听两节指导教师的授课；每学期上一节展示课或研讨课；每年至少要撰写一篇教学总结或教学论文。

同时，学校方面也建立了一定的机制，监督结对双方各项活动的有效开展，结对双方的领导应定期、不定期了解师徒合作情况，督促结对双方落实各自责任；不定期地抽查青年教师的听课记录本；积极为青年教师的成长搭建舞台，鼓励青年教师参加各级各类教学展示评比活动，对成绩显著的指导教师和青年教师予以表彰和奖励。学区校在师徒结对中也发挥了积极的作用。各学区校之间互惠互通，经常了解协议执行情况，并为结对双方的务实与有效合作积极提供便利。与此同时，各学区校还将协议内容列入教师个人年度考核，作为评优、评先、晋升的依据之一。

此外，甲秀小学教育集团还开展精准帮扶，形成内部管理人员和骨干教师的双向流动机制。为有效开展活动，甲秀小学教育集团制定跟岗交流制度，派出管理干部和骨干教师参与教研活动，建立教育基地，以学生交流活动等具体形式开展合作。为保证活动开展的平等性、有效性和创新性，甲秀小学教育集团建立联动机制，搭建信息共享平台，制订成员校在教学教研、人才进修、师生交流、基地建设等方面的合作内容，并由助理于每月的第一周向成员校汇报当月具体的活动内容。

（二）整合资源，关注青年教师全面发展

青年教师是学校长远发展的希望，是学校实现可持续发展的关键所在，青年教师已成为集团校教师队伍的重要组成部分。科学、合理、优质的教师队伍建设，以及集团校的可持续发展，都需要切实加强青年教师队伍的培养。要想提高和加强青年教师队伍建设水平，必然要重视青年教师的培养，帮助青年教师尽快地实现角色转变，帮助他们更好地掌握教育教学方法，不断提高他们的教育教学水平，使他们尽快融入教师队伍，成为学校发展的主力军，促进集团化办学质量和办学水平的不断提高。为此，甲秀小学以 35 岁以下的老教师及到甲秀小学任教不足 1 年的新教师为培养对象，特在每周五下午开展青年教师成长培训活动，也就是"星期五培训"。

● 案例二：

传承甲秀精神，做新时代的"四有"好老师
——青年教师主题培训

为了深入贯彻中小学教师继续教育的政策，扎实做好我校青年教师的培训工作，2021年3月26日下午1点，甲秀小学举行"传承甲秀精神，做新时代的'四有'好老师"青年教师主题培训启动仪式。

首先，主持人黄艳介绍了本次培训的目的，即建立一支具有良好政治素养、教学水平一流的教师队伍，为学生、学校及社会的发展奠定扎实的基础。参训教师为甲秀小学35岁以下的老教师，以及到甲秀小学任教不足1年的新教师。培训内容涉及教师职业道德、职业规划、教学基本功、班级管理等方面，以专题培训、师徒结对、教师课堂、主题分享等形式开展。甲秀小学希望通过全方位的真抓实干来促进青年教师的成长。

在第一期的主题培训中，主讲人杨华老师就《新时代中小学教师职业行为十项准则》《中小学教师违反职业行为道德处理办法（2018年修订）》《中小学教育惩戒规则（试行）》等方面的内容，用实际案例多维度、多角度地向广大青年教师进行讲解，促进青年教师养成责任心、形成担当意识、树立奉献精神。杨华老师希望广大青年教师以终身学习为目标，以身作则，塑造积极正确的教师人格。

在"星期五培训"中，甲秀小学从青年教师的素质能力、工作成绩两个维度确定培养的模式和发展标准，努力把青年教师培养成全能型的、具有可持续发展能力的现代化教师；以完备的专业知识、过硬的教学基本功、全面娴熟的教学技能、强大的教育教学实践能力，以及具有现代化教育科研和教学改革意识与素养为目标，逐步促进青年教师的成熟发展，使他们尽快成长、成才。同时，防止单纯训练教学基本功，确立培养综合素质和能力理念，形成专业化、可持续性发展的现代教师培养和发展模式。

利用资源，构建一体化的教师培养模式。高校有丰富的专家资源，因此，甲秀小学教育集团采取"走出去，请进来"的方式，建立了高校教师与一线教师的沟通平台，为集团内的广大一线教师提供与专家和同行交流学习的机会，让教师能走进大学校园，感受现代高校的学术氛围，同时邀请教育专家走进校园、走进课堂，为集团校的发展出谋划策。这种校地联合的做法，实现了师范院校和甲秀小学教育集团资源共享和优势互补。师范院校的优势

在于理论研究，甲秀小学教育集团的优势在于实践训练，通过双方的合作，师范院校可以为集团内在职教师提供教育理论的指导，广大的一线教师也可以为高校师范生提供丰富而实际的教育教学案例及实习训练，实现共赢。

在这种模式下，教师的职前培养和职后培训就会成为一个连续的、有机的、相互联系的过程，从而实现职前和职后教师教育的一体化。这使得甲秀小学教育集团内部在职教师的培训更加有的放矢、贴近实际，从而有利于教师专业素养的提升。

（三）主题培训，落实青年教师能力提升

甲秀小学高度重视青年教师专业素养和能力的提高，重视青年教师的目标引领，在青年教师培训中努力探索符合学校实际的继续教育新路子、新模式，扎实有序、有效地开展青年教师培训工作。在提高教师队伍建设水平这一目标的引领下，学区间有计划地开展主题培训，有针对性地开展教研活动，并结合教师讲堂、读书分享等多种形式的教师活动，促进教师的全面发展。为了更好地落实"星期五培训"，学区间大力挖掘校内外教育教学资源，举办了粉笔字书写技能培训、钢笔字书写技能培训、软笔字书写技能培训、普通话水平提升培训、家校沟通技能培训、班主任班级常规管理培训、PPT 制作技能培训、撰写论文的技巧与方法指导、课题研究理论指导、校本教研方法指导等丰富多彩的主题培训交流活动，切实为青年教师的发展提供了很好的保障。

●案例三：

合作学习收获多
——甲秀小学第三期青年教师主题培训

春风有约，如期而至。按照学校教师培训的总体构想和内容计划，甲秀小学于 2021 年 4 月 30 日下午 1 点开展了第三期青年教师主题培训。本次培训的主题为"合作学习"，由副校长梁丹娜主持。

本次培训在青年教师们强烈的好奇中拉开了序幕。水彩笔的作用是什么？合作学习要达成什么样的目标？合作学习与传统学习有什么区别？青年教师们的心中满是疑惑。梁校长对本次培训内容做了介绍，青年教师们按照要求重新组建小组，明确小组成员分工，共同制订学习公约，并了解本次的学习目标。

本次培训的重要环节是制作小小书。青年教师们围绕合作学习的六个关键因素：反思、个体成就、协作、高阶思维、情感纽带、社交技能，完成个人自学、小组互

学和团队共创，大家兴趣盎然、热情高涨，在合作探讨中碰撞出新的火花，合作学习的氛围十分浓厚。

在展示分享环节，各小组充分展示了自身的特色，一同完成了本次的"专家拼图"，大家既收获了分享的喜悦，也取得了共同的进步，实现了共赢。

本次培训别具一格，打破了传统培训的讲授模式，以体验式、沉浸式、实践性为主，重视体验和生成。在培训中，青年教师们角色置换，亲自参与体验，感受和领悟合作学习，在课程大纲的引领下真正明白什么是合作学习和如何进行合作学习，明确了合作学习的抓手和实施路径，还学会了一些重要的实施策略。

这是一次干货满满的培训，也是一次愉快的学习过程。活动结束后，很多教师都表示意犹未尽、收获良多，迫不及待地想把所学、所获运用到日常的教育教学工作中，也期待以后能有更多、更精彩的青年教师培训活动。

（四）课题引路，带领青年教师复合发展

随着基础课程改革的不断深入，时代赋予了教师"研究型"和"学者型"的角色定位。甲秀小学教育集团以各成员校、学区校为基地，以教师为研究主体，以教师在教育教学中存在的问题为研究对象，以促进教师的专业发展，提高学校教学质量为主要目的，鼓励教师们进行小课题研究。

小课题研究是从实际出发，以教学为中心，以课堂为现场，以教师和学生为主体进行的教学研究，是促进教师专业发展的助推器。小课题研究以提高课堂教学效果、解决教学中的实际问题为根本出发点。小课题研究具有课题小、研究周期短、实效性强、易于操作等特点，研究者无需投入太长时间，无需拥有深厚的理论功底，从教育教学中的小事、小现象、小问题入手，以小见大。小课题研究可以帮助教师掌握课题研究的方法，丰富自己的教育理论，解决教学中的实际问题，从而增强教师从事教育科研的信心。

学校经常组织教师们参加校内外的专业培训，为教师们的专业成长保驾护航，确保教师们与时俱进，掌握最新的教育理念和拥有先进的教学资源。甲秀小学教育集团每月定期举行两次大教研培训、两次小教研培训。大教研培训要求教育集团内的所有教师都参加，聘请专家夯实教师们的理论知识，解答教师们在平常教学中的困惑，为教师们的教学决策提供理论依据。小教研培训以集团内各成员校为单位，分学区、学段、学科、年级进行，最大限度地发挥甲秀小学的引领作用，并保留各成员校的特色。在甲秀小学的引领下，各成员校的教研培训既有的放矢，又各具特色，各种形式的教研培训遍地开花，教师们也在这样张弛有度的氛围中获得成长。

培养"实践型"和"研究型"二合一的教师，受到越来越多学校及其领导的推崇和认可。甲秀小学充分利用集团内、学区间的研究性资源，带动各校区青年教师以科研为抓手，将课题研究与青年教师培养结合起来，培养复合型教师，取得了事半功倍的效果。

例如，甲秀小学积极倡导教科研合一，在甲秀小学教育集团的支持下，甲秀小学三校区语文组的7名青年教师组建了一个课题小组，积极申报校级课题，开展古诗文教学的实践研究。该课题小组以"运用古诗文培养小学生文化传承与理解的实践研究"为课题，进一步申报区级课题并在贵阳市南明区成功立项。趁热打铁，甲秀小学以区级课题"运用古诗文培养小学生文化传承与理解的实践研究"为引领，开展研训合一的培训，将青年教师的培养与课题的推进相结合。课题组成员以青年教师为主，他们在团队协作中进行研究与实践，主要采用自主学习、菜单式学习、沙龙式探讨、"听课-评课-磨课-上课"模式，以及探索性实践等方式。青年教师在理论学习、教学实践、案例积累、研究反思的过程中实现螺旋式上升，在浸润式的

实践与研究中得到自我的发展，也让部分高学历的青年教师在研训合一的培训中发挥潜力，在教科研活动中崭露头角。

（五）带班跟班，建立后备干部队伍，储备力量

甲秀小学教育集团在后备干部的培养上精益求精，除了接受区级或其他层面的理论学习和实践外，还分别汇集了内部最优秀的教育资源，在集团内进行有针对性的学习与培训。具体做法是采取"带班跟班"制度，通过学区内一批经验丰富的干部及大队辅导员的传帮带，为学区和集团培养年轻的管理人才，实现学区与集团内优质学校管理方法和先进教学理念的互相融合。这不仅有利于校级后备干部在"做中学"，也有利于集团内的学校优质均衡发展。

● **案例四：**

贵州省中小学校长"薪火计划"
培养对象跟岗研修

根据《贵州省教育厅办公室关于实施贵州省中小学幼儿园校（园）长"薪火计划"的通知》文件要求，为更好地完成学员跟岗培训任务，促进学员在跟岗研修中进一步转变管理理念，提高管理能力，逐步掌握一线教育教学管理业务技能，从而成为合格的中小学幼儿园校（园）长后备

人才，2021 年 5 月 23 日，贵州省中小学校长"薪火计划"培养对象的第一阶段跟岗研修正式拉开帷幕。10 名来自贵州省各地的"薪火计划"培养对象齐聚甲秀小学一校区，他们将全方位学习学校教育教学管理方法、教师发展规划及学生成长路径等内容。

2021 年 5 月 23 日上午 8 点，10 名学员首先在甲秀小学副校长的陪同下参观了校园。了解了甲秀小学的校园文化。在初步感受"甲秀印象"之后，本期跟岗研修开班仪式正式启动，出席活动的有贵阳市南明区甲秀小学副校长邓小玲、梁丹娜、王哲、徐贤诗和主任黄艳，以及本次参训的 10 名学员。开班仪式由邓小玲副校长主持，她首先对学员们的到来表示热烈欢迎，接着宣布本组学员正式开启历时三年、共四期的跟岗研修之旅，并详细介绍了跟岗实践的具体要求。此举旨在通过制度化、规范化、科学化的跟岗指导，帮助学员们更好地制订个人三年发展规划，提高教育教学管理能力及个人综合素养，为成为一名合格的小学教育管理者做好充足准备。

之后，校长向各位学员介绍了甲秀小学的发展历程和校园文化底蕴，他强调教师是一校之本，作为一名有远见的校长，只有时刻关注教师的专业成长，才能不断挖掘教师的内驱力，使教师成为学生成长和学校长远发展的有效推动力。他希望所有学员要始终牢记作为一名校长的使命担当，要始终激发教师对工作的热情、对教学的敬畏之心，给教师制订专业发展规划，帮助教师形成终身学习观，这样才能更有创造性地开展学校教育教学管理工作。

通过第一天的学习，学员们不但初步了解了甲秀小学校园文化，还感受到了甲秀小学教师幸福工作、学生快乐成长的氛围。在培训的尾声，学员们纷纷表示希望能够将此次所学带回自己的工作岗位，更好地为本校教育教学工作助力。

集团化办学打破了传统的资源壁垒，兼顾了学校的共同需求，实现了资源利用的最大化。在集团的有效统筹下，甲秀小学根据办学特色和需求，为实现基础教育均衡发展进行全方位的探索，不断进行着提高教师队伍建设水平的实践，并依托信息化平台，使基础教育资源互惠互利、实现共享，从而促进学区、集团范围内的资源整合。通过教师成长共同体、星期五培训、带班跟班等形式加强教师之间的互动交流，促进教师队伍的长足发展。

（六）集思广益，支持各校开展教科研活动及其他大型活动

在教学教研方面，龙头校率先开放教学教研资源，结合自身办学特色开展集团学校培训工作，内容涉及学科专业标准制订、校本课程开发、课程设置、教学计划制订、教师培训、学生实践能力的培养、学生德育活动的开展、教学质量评估等。由牵头学校组织开展各种交流活动，举办集团化发展战略趋势和发展走向的理论研究和实践探索论坛，开展与其他教育集团的交流活动。

集团校的研修机制把集团打造成学习型组织，为成员校教师的成长创设诸多便利条件，充分发挥个体创造力和群体合作力，使个体价值与学校发展得到最大限度地体现，既促进成员校发展，也促进龙头校发展。教师在校本区域内，依照适合本校发展的校本管理机制，有组织、有目的地开展研修，形成集团 - 学科 - 校本专业发展共同体。

同时，集团校与成员校之间的教师群体互相流动，这既是对各成员校活动的支持，也满足了教师群体专业化发展的需求，实现了成员校和教师的共同发展。

（七）立足团队，提高教师的专业化水平

集团化办学的优势在于团队运作，能充分激发各组员的积极性，发挥各自的潜能，取长补短，有效促进教育合力的形成。甲秀小学教育集团按照教师们任教的学科，把教师分成三个大组：语文学科教研组、数学学科教研组、综合学科教研组，这样便于教师们按组探索、研究教育教学方法，促进教师在学科教学上的进步与发展。

在分组的基础上，甲秀小学教育集团还重视集团内部、学区之间的学科融合，这种有合有分、合分结合的方式能帮助集团内的教师们取长补短，实现各学科资源的优化利用。集团校内部定期举行各学科的课例研讨，除本学科所有教师均要参加外，还鼓励各集团成员校及各学区的教师们跨学科参与研讨。各学科教师从本学科的视角出发，分析、解读课例，这种多角度、多方位的思考不仅促进了各学科教师之间的思维碰撞，还能使课堂焕发活力。这种立足团队、学科之间有机融合的课例研讨，有助于实现各学科资源的优化利用。

（八）优化评价制度，建立合理的教师评价体系

对教师进行评价是对教师工作的现实或潜在价值进行判断。《基础教育课程改革纲要（试行）》指出：建立促进教师不断提高的评价体系。强调教师对自己教学行为的分析与反思，建立以教师自评为主，校长、教师、学生、家长共同参与的评价

制度，使教师从多种渠道获得信息，不断提高教学水平。科学的教师评价制度不仅可以对教师的业绩进行合理评价，展示教师工作成就，充分调动教师的工作积极性，还可以作为教师日常工作的"指挥棒"。

目前，教师评价一般有两种形式：一种是以已达到的、相对短期的目标为评价依据，这种评价是以对教师在某个时间段内的工作能力和水平下一个结论为目的的业绩评价，换种说法，这种评价也可以是终结性评价；另一种则是以对教师的工作给予反馈、改进或完善教师的教学，明确个人的发展需求，提高教师的能力为目的的教师发展性评价。

甲秀小学教育集团对教师的评价做了如下的尝试：

一是采用教师发展性评价：教师发展性评价的目的是帮助教师诊断当前工作中出现的问题并帮助教师加以改进，而不仅是给教师当前的工作能力和水平下结论。甲秀小学教育集团在对教师进行发展性评价的过程中，以集团各成员校、学区校为单位与各学区间的教师协作完成。在集团校的带领下，各学区对教师的发展进行层级评价，从高到低设置首席教师、学科带头人、骨干教师、优秀教师和合格教师，每一个层级都制订具体的评价指标，除了合格教师以外，其他各层级的评价都分别

设置评价必备条件和评比条件。教师应当参照条件自我评价，申报等级。以甲秀小学一校区为核心的集团校在统筹各成员校的基础上，成立了专门的教师评价委员会，对集团校的所有老师进行评价。

二是采用灵活多样的评价形式。在对教师进行评价的过程中，集团校尝试了合理设置评价内容与方式。在评价内容设置中，全面考虑了教师的师德评价、教育教学行为评价、教育教学效果评价和教师的教育素质发展评价。在评价方式上，建立了学校领导、教师、家长、学生共同参与的师生评价实施方案。同时，对教师的评价不再只重视结果而忽略过程。在教师的日常教学中加强了阶段性的评价与反馈，这些评价举措督促教师根据反馈加以改进，建立教师评价档案，发挥好教师评价在教师专业发展过程中的作用，充分调动教师的工作积极性。

（九）打造品牌，发挥名师工作室的引领作用

贵州省名校长工作室以"打造高端名师，塑造品牌名校"为总目标，以"政策争取、资源整合、舞台搭建、理论充电、实践探索、卓越追求"为途径，开展了一系列卓有成效的活动。这些活动让龙头校受益，也将优秀的管理经验传播到集团校。工作室积极邀请专家到集团校开设讲座，

指导集团校的教育管理工作。

实现优势互补，在共通和借鉴中得到新启示和发展。甲秀小学教育集团要求每一所成员校都给自己出一份"诊断"，并围绕集团提出的打造品牌名校的目标缩小差距。先挖掘学校自身历史与特色，再由集团牵头、专家把脉，促使成员校定位合理。通过实践，创立指标体系，再由成员校对应指标，对照建设。其中，有统一标准的基础部分，如成员校是否能达到上级部门的基础建设要求：物质建设是否达标？各项课程是否开足、开齐？通过帮扶是否能完善？在基础标准达标的情况下能否冲击高质量，迈入同类学校或地区前列？落实这些目标和具体准则，是教育教学质量的基本保证，是成员校基础竞争力的关键所在。

在这样的基础上，甲秀小学教育集团希望每一所成员校都能够找准自己的办学特色，树立起自己的特色教育品牌，以向特色化、品牌化方向发展为目标，以培养优质技能人才为主要任务，以校校双赢为基本发展目标。甲秀小学教育集团给成员校提供参照、启发和学习伙伴，促进成员校加速发展。

四、教以共进，研以致远

学校通过创新研修模式，做到互联互动，确定集团校内交流人员，举行集团校教师集中教研、学习活动。同时，学校坚持统一教学常规，做到齐头并进，推行集团内教学常规统一管理模式，制定集团内相对统一的教育教学工作计划，实现集团内教学常规管理"五个统一"，即资源共享统一、课程计划统一、教学进度统一、质量检测统一、督查指导统一。开展丰富的教研活动、学科文化活动，积极构建多彩教育体系。

（一）以研促教，建设教学研共同体

在推进集团化办学过程中，甲秀小学始终坚持优质的教师团队带动学校优质发展的理念，紧紧抓住教师专业发展这一关键要素，通过组建教学研共同体，有效发挥集团化办学的引擎效应，加强优质教师队伍的建设与资源共享，拓展教师成长空间，带动学区间、集团内教师群体的协同发展，推动课堂变革，提高课堂效率，实现各学校优质均衡发展。

教研活动是推动教师专业发展的常用途径和有效手段。但是常规的区级及以上层面的教研活动受到一系列因素的制约，活动效果也受到影响：一是受场地限制，制约了教师的参与面；二是受时间限制，影响了参与者之间的深入互动与交流；三是受活动形式制约，不能对参与者个体进行有针对性的指导，不能有效满足参与

教师的个性化需求。在此背景下，"校本研修"应运而生。"校本研修"以学校教师为研究主力，以教学中产生的实际问题为研究内容。实践证明，这是一种能有效促进教师专业成长的教研方式，为了学校及教师的长远发展，学校应主动承担起对教师进行继续教育的责任和义务。

1. 组建学区学科领衔人队伍

选拔集团内、学区内各学科中威望高、资历深、能力强、有责任心的骨干教师作为学科领衔人或学科教研组组长，让他们成为学区教研活动和教学展示的主力军，在学区内充分发挥辐射联动作用，统筹规划并指导教师开展学科教研工作，提高学区内各校的校本教研水平和教师的教学能力。

2. 组建教学研共同体

依托学区学科领衔人和教研组组长，组建学科教研组，在学区内举行各学科教学研共同体活动。以"示范展示"带动"教"，以"组织观摩"引领"学"，以"磨课上课"学习"研"，推动区域内教师在"教""学""研"的过程中，积极交流、平等对话、有效探讨，实现教学研合一。

在教学研共同体建设中，学区还十分重视借助专家的力量。学区聘请市级、区级教研员及专家，组建学区专家指导团，指导教学研共同体活动的开展。专家指导团的专题报告、教学研究主题讲座、引领示范课等是更新教师教育观念的"催化剂"，是学区教师们进行教育创新的"推进器"。同时，专家加强对学校教学研活动的指导，参与合作对话，为学区教学研共同体活动助力，促进教师们专业素养的提升。

●案例五：

三、四年级第二模块绘本教学分享
——甲秀学区英语教学研讨活动案例

为有效地将绘本融入教学，培养学生英语阅读素养和早期阅读能力，甲秀小学英语组全体教师在2021年4月23日开展了校级英语组教研活动，本次教研活动由三年级的英语教师徐东泉和四年级的英语教师胡静分享三、四年级第二模块绘本教学设计。本次教研活动采取线上形式。

2021年4月23日早上8点40分，徐东泉老师以线上直播的方式分享了三年级第二模块"What do you have?"的教学设计。本节课结合了甲秀小学英语学科的区级课题"小学英语学科融合绘本提升学生阅读素养的实践与研究"，教学目标是围绕文化基础、自主发展、社会参与这三方面来制定的，教学环节一步一步、稳扎稳打地进行。徐东泉老师把单一枯燥的句型操练融入有趣的绘本阅读教学之中，绘本的精美图片给予学生视觉的冲击，调动了学

生学习的积极性，提高了学生的阅读技能。胡静老师以线上直播的方式分享了四年级第二模块"Sport"的教学设计，在本节课的阅读教学中，胡老师巧妙地以绘本作为切入点，进而引入教材内容，她精心设计了一系列多元化的课堂活动，有效地整合并深化了课程重点。这一系列的教学策略不仅拓宽了学生的思维，还极大地促进了他们的语言表达能力。

两位教师分享完教学设计后，各校区英语教研组的教师进行了集体线上评课，徐东泉老师认为，胡老师以绘本作为课堂教学切入点，引导学生明确学习的主题为"sport"，并提供了很多的运动词汇，扩展了学生的词汇量，丰富了课文的内容。胡静老师认为，徐老师将绘本与课本融合，让孩子们在原汁原味的英文表达中感受英语绘本的魅力，体现了语言学习的激励性、工具性和交际性。葛婧老师认为，徐老师和胡老师的绘本教学充分地尊重了学生的身心发展特点和年龄认知水平，不仅拓宽了学生的阅读视野，还教会了学生除课文以外的另一种阅读方式，让知识的累积不再单一地依靠课本。付欢老师认为，两位教师通过绘本教学，注重故事的整体性，为学生创造了良好的语言学习环境，有利于学生对语言的理解和表达。余梦寅老师认为胡老师的这节课通过绘本为

学生创建了语境，可以激发学生的学习热情，通过设置各种活动让学生可以循序渐进地掌握知识。徐老师的这节课先对封面进行了导读，让学生通过猜测来对绘本中的人物和内容有一定的了解，从而更加激发了学生的好奇心和学习兴趣。闻晓艺老师认为，徐老师和胡老师将绘本融入教材的教学设计准备充足，教学思路清晰，利用绘本让学生自然而然地进入语境，有效提高了学生的学习兴趣。朱琴老师认为，两位教师将绘本有效融入教学中，提高了学生的学习积极性，学生在愉悦轻松的氛围中，既学到了本堂课的语言知识，也拓展了思维，提高了语言应用能力和表达能力。李梦莹老师认为，徐老师和胡老师将绘本与课本相融合，让学生感受绘本的生动有趣，同时也教授了句型、句法等知识，体现了语言的实用性，让学生在愉悦的氛围中轻松学习。

英语组的教研活动每次都让教师们收获满满、受益匪浅。教师们将不忘初心，牢记使命，继续努力前行。

●案例六：

聚力提质，落实"双减"政策
——甲秀学区语文教学研讨活动案例

为贯彻落实"双减"政策相关要求，

推动"双减"政策落地，切实减轻学生的课业负担，探索高效的语文作业设计，提高语文教学质量。2021年11月2日，正值甲秀小学语文教研组第三次大教研之际，甲秀小学特邀请贵阳市南明区教师学习与资源中心的教研员、特级教师王璐莅临甲秀，为语文教师带来了一场以"落实'双减'，小学语文作业的整体思考"为主题的讲座，旨在指导并促进语文教研组的发展。

活动伊始，由三个年级的语文教师分别介绍了各自年级在语文作业优化设计方面的想法及实施内容。二年级的宋修娟老师从作业优化设计的背景、依据，作业的形式、效果等方面进行了讲解，三年级的王颖老师对作业优化设计的前期准备、初步实施（讨论并确定作业套数、题目类型、书写格式）、实施困惑、改进措施及后期思考等内容进行了介绍，五年级的向庆老师对作业的必做题、能力提升题、课后阅读题的细致划分进行了讲解。

听完三个年级教师的讲解，王璐老师首先肯定了甲秀小学语文教师对于落实"双减"政策，优化作业设计的精心准备。随后，王璐老师针对每个年级的优点及不足进行了细致的点评指引。王老师指出五年级的阅读任务里的连环画内容非常生动，但在阅读要求上却没有关注到本学段孩子应该达到的要求。三年级的教研状态非常好，观察记录很新颖，但没有弄明白观察记录的重点。二年级只做到了作业内容和形式上的统一。

最后，王璐老师总结说，我们的作业优化设计有形式、有课标，却缺少教材落实。作业优化设计一定要打开思路，不要只关注形式，不要只放在写字、组词上，我们应关注学生的高阶思维训练，注重语文要素在作业中的落实，这样才能设计出减负提质的作业。

在"双减"政策背景下，深入探索语文作业设计的优化路径，以提高学生的学习效率，不仅具有直接的教育实践价值，更承载着深远的社会意义。王璐老师的指引如同一场及时雨，醍醐灌顶，为我校全体语文教师如何优化作业设计指明了方向，也带来了新的思考和启发。相信今后在大家的共同努力下，一定能设计出更加有效的优质作业，进一步提高教育教学质量，真正做到减负不减质！

各学科在学科教研组组长和领头人的努力下，都极为精心地设计并开展了形式多样、内容丰富的教研活动，成效显著。当然，学区内教研活动能如此顺利开展，还依靠了各校区的相互支持与积极互动。在"学校工作忙、教师培训多"的大背景下，教师们依然积极主动地参与学区层面的学习活动，充分证明了他们对此项工作的认同与支持，也充分体现了他们对自身专业发展的内在需求。

（二）进行质量分析，实施以人文素养为核心的五大学科联合教研活动

开展甲秀小学联合教研活动，以考促研、以考促教、以考促学。2022 年，贵阳市小学监测面向全市所有在册登记的学校，对六年级学生进行全员性综合素养监测。此举旨在及时有效地评估贵阳市六年级学生当前的学科素养水平，探索符合立德树人要求和学生综合素养培养的适宜评价方式，以更好地适应教育改革发展的需求。

因此，甲秀小学教导处组织开展了以人文素养为核心的五大学科联合教研活动，希望通过此次教研活动，教师们以测促改、以测促质，努力提高自己的教学专业能力，转变教育思想，倡导教师跨学科教学，培养学生跨学科学习的能力，提升学生的综合素养。"贵阳市 2022 年小学六年级学生综合素质监测人文素养测试卷"主要从 5 个方面对教学质量进行分析。第一，"测了什么？"，明确价值导向。第二，"怎么测的？"，明确策略导向，遵循对象的全员性、内容的全面性、素养的综合性、评价的客观性、命题的科学性等原则。试卷呈现学科的融合性、内容的导向性、表现

的情境性、问题的生活性、布局的唯美性、考查的多样性等特点。第三，"为什么这样测？"，坚持全面发展，育人为本；加强课程综合，注重关联；贯彻新课程理念，坚持素养导向等课程方案理念。第四，"成绩如何？"，对成绩数据和排名情况进行客观分析。第五，"今后该怎么做？——给学科教师的建议"，转变教育观念，提高育人能力；深入学习专业知识，不断提高专业素养；勤于反思，促进自我完善；打造个性课堂，做有魅力的教师。

（三）以评促教，开展一、二年级学业测评，构建多彩教育体系

为落实党的十八大提出的立德树人根本任务，遵循教育规律，实施"五育"并举，积极响应"双减"政策，有效减轻学生过重的学业负担，全面发展素质教育，建设多元的学生评价体系，培养社会主义的建设者和接班人，办好人民满意的教育，甲秀小学以义务教育课程方案和课程标准为依据，以教材为依托，把握学习梯度，开展"多彩甲秀，萌娃游园"活动，以活动为载体，进行期末综合评价。2022 年 1 月 7 日，甲秀小学教育集团举行学生期末学业评价"多彩甲秀，萌娃游园"活动，甲秀小学教育集团一校区、三校区和翠微校区的约 1100 名学生，通过各种通关"打怪"，既获得了游戏的乐趣，也完成了期末

学业评价。

（四）以玩促学，开展"玩转数学·智育甲秀"数学文化活动

2021—2022年期间，甲秀小学以习近平新时代中国特色社会主义思想为指导，全面贯彻教育方针，遵循教育教学规律，落实立德树人根本任务，发展素质教育，坚持德育为先，提高智育水平，加强体育美育，落实劳动教育，以《义务教育数学课程标准（2022年版）》为指导，开展丰富多彩的数学文化活动。为全体学生搭建展示自我能力与智慧的平台，营造浓厚的数学文化氛围，引导学生在活动中体验数学的魅力，感受数学与劳动的自然融合，感悟数学的独特之美，让学生在活动中提升思维品质，在挑战中享受快乐。

（五）精准研修，转变范式，录制"阳光校园·空中黔课"

"阳光校园·空中黔课"是贵州省教育厅为应对新型冠状病毒感染疫情，落实教育部"停课不停学"政策而开设的"互联网＋教育"课程。作为贵阳市中小学优质学校代表，甲秀小学于2020年1月30日承接了"阳光校园·空中黔课"的任务，这既是挑战，也是机遇。学校必须在短时间内完成两项任务：一是为全省录制一年级的7个学科，共82个课时的课程；二是组织全校学生收看网课，完成相关年级学习任务。

"互联网＋教育"新模式有别于传统的教育模式。传统教育模式以教师为中心，学生往往缺乏自主选择学校和教师的权利。优质教育资源的稀缺性导致教学质量参差不齐，因此，许多学生在起跑线上就面临不利局面。传统教育在时间安排、空间布局和教学内容上追求统一性，典型的场景包括定时的铃声、固定的班级设置、师生共处一室及按部就班的教学流程，宛如一条严格的流水生产线。若学生因生病或其他原因缺席课程，后续的补课往往会成为一大难题。"互联网＋教育"则不然，它以名师视频作为主要载体，教育资源丰富，可按需学习、动态学习，不以年龄划线，时间和距离不再是问题。"阳光校园·空中黔课"提供了另外一种可能，传统标准化的教育将转向"互联网＋教育"。大数据应用于教育的全过程，既包括对教育领域的数据进行挖掘、分析与处理，也包括在课堂教学、学校管理、家校合作等方面的应用。

甲秀小学在校长的带领下，齐心协力，上下同心，探索出"一标两抓三点"的"互联网＋教育"模式，加快了学校教育现代化的步伐，推动了学校从传统教育向现代教育的华丽转身。"一标两抓三点"指坚持"以生为本，全面发展"的育人目标，

抓录课和用课工作的落实情况，充分依靠政府、教师、家庭三个支点，畅通"阳光校园·空中黔课"渠道，做到停课不停学，停课不停教。"一标两抓三点"的"互联网＋教育"模式形成了资源联动、人才齐聚、活力迸发的生动格局，积累了可复制和推广的经验，为未来教育变革提供了有益借鉴。

1. 坚持"以生为本，全面发展"的育人目标

甲秀小学在校长的引领下，承担名校、名师的社会责任，通过团队协作和共同研修，致力于更好地服务全校师生及贵州省的一年级师生。2020 年 1 月 31 日，甲秀小学成立了以校长为组长的"阳光校园·空中黔课 甲秀'战疫'"工作组，工作组本着"以生为本，全面发展"的育人目标，追求走内涵发展之路，着力推行素质教育，关注学生品行培养、潜能开发、兴趣引导和个性张扬。"以生为本，全面发展"的育人目标是甲秀小学的教育初心。我们为什么育人？育什么样的人？怎样育人？在这场没有硝烟的全民战"疫"中，甲秀小学的每一节录课和每一次用课都紧扣时代脉搏，联系当前战"疫"现实，唤醒学生的责任和担当意识，增强爱国主义教育。我们注重健康生活、生命观念、科学素养、职业道德、献身精神、责任担当、国际理解、家国情怀、制度自信、文化自信、爱

国主义等内容，结合学生的身心和年龄特征，融汇到线上教学中，涵盖语文、数学、道德与法治、英语、音乐、美术、体育等学科，突出系统传授、专题突破、专项训练、适度提升拓展等。甲秀小学引导学生以适当的形式在不同程度上投身到疫情防控的洪流中去，实现"从我做起、从现在做起"的底线目标。"适当的形式"即正确定位，做好一名小学生分内的事，积极参与"阳光校园·空中黔课"，认真学习；在家隔离期间，勤洗手，承担力所能及的家务；积极参加学校组织的抗疫征文、手抄报、书画等比赛，以笔为"矛"，与疫情做"斗争"等。

2. "两抓"为"一标"提供重要保障

战"疫"期间，甲秀小学"阳光校园·空中黔课"以"两抓"为路径实现"以生为本，全面发展"的育人目标。一抓贵州省一年级的课程录制工作；二抓组织全校学生收看网课的工作要落实到位，助力学校探索从传统教育向"互联网＋教育"的转型路径。

（1）录制网课，精准研修

为了给贵州省的一年级师生呈现 7 个学科，共 82 个课时的高水平、高质量的网课，甲秀小学校级领导统筹引领，中层干部和后勤人员协调服务，高标准、严要求地从甲秀学区抽调 34 名骨干教师组成授

课团队，共同承担全省一年级的网课录制工作。虽然绝大多数的教师都不在一年级岗位上，但疫情就是责任、录课就是命令，他们爽快地接受了任务，迅速组成一年级语文、数学、道德与法治、科学、音乐、美术等学科的研修团队。为确保课程资源的准确性和适用性，市、区两级的教研员和甲秀小学的授课教师组成了一对一或一对多的教学小组，对教学方案、授课内容等进行培训指导，严格把关，确保高质量、高标准地完成录课事宜。备课、磨课、试教，策划、试镜、剪片、审片，课程录制时教学流程要精心预设、教学课件要精雕细琢、教学语言要简洁规范、教学时间要精准高效。甲秀网络授课团队中，校长化身"导演"，授课教师们则成为"主播"和"编辑"，他们在忙碌和汗水中度过了一段终生难忘且意义非凡的寒假。

按照分、备、研、改、试、录、修七步曲，甲秀小学开展了扎实有效的研修活动，充分发挥团队合作的力量。"分"即根据团队各教师的教学风格，合理分配最适合他们执教的课程内容。以语文团队为例，梁馨元老师的普通话水平赶得上省级测评员，粉笔字、毛笔字、钢笔字写得很棒，第一周的识字教学和"语文园地"这两根难啃的"骨头"就交给了她。周羽老师的阅读课循循善诱、深入浅出，于是第1课

《吃水不忘挖井人》非她莫属。宋修娟老师擅长吟诵，就让她执教第7课《静夜思》。"备"即教师们领了教学任务后，回家先备课，要结合学情，备目标、备教法、备学法，写教学详案，制作课件。面对全省的一年级师生，直播课不仅要保证知识点的序列化、科学化，还应结合学生的年龄特征，适当兼顾不同层次的学生，并增加有趣的环节以激发学生的观看兴趣，从而提高教学效果。学情前所未有的复杂，可不能有半点马虎，教师们在家一坐就是一整天，忙得连吃饭喝水的时间都没有，家务活全由家人承担。"研"即通过微信、腾讯视频等软件来传递备课资料，大家互相提意见和建议。"改"就是要请市级或区级的教研员把关，字斟句酌。"试"就是教师按照定稿在家试讲，牛晓老师是一位有着二十多年教龄的音乐教师，承担过不少省、市、区级观摩课，可这次她也一点不含糊，对照着脚本反复试讲，并让家人用手机充当专业摄像机。"录"就是由贵州省广播电视信息网络股份有限公司的专业摄像师进行正式录课，教师们个个摇身变成了"主播"，虽然开始时有些不适应，但在校长和教研员的鼓励下，教师们很快就完成了角色转换。"修"是协助技术员剪片，哪段要加音乐，哪段要加视频，哪个镜头不行要剪掉重录。一节30分钟的课程常常需要剪

辑五六个小时，教师们有时晚上十点钟才回到家。

（2）网课教学，范式转换

与录课同步，甲秀学区要完成 109 个教学班 5180 名学生停课不停学、观看"阳光校园·空中黔课"的教学任务。"阳光校园·空中黔课"与以往"师生同堂"的传统教育模式不同，全体师生必须尽快改变长期形成的教学习惯，补习信息技术。教师需要学习大数据在课堂教学、学校管理、家校合作等方面的应用，以实现人之培养的优化、教育教学之改善、学校管理之完善。学校负责人、助教、技术人员等通过微信、钉钉、腾讯、瞩目等 App 交流信息，提供远程技术支持、答疑解惑，对教师、家长、学生遇到的不会登录、不会截屏等问题进行耐心细致的指导和帮助。学校以班级为单位成立学习组，由班主任牵头，科任教师协助管理本班学生按课表听课，与学生互动交流，引导学生进行学习。为保证有良好的学习效果，学校要求采取线上观课和线上互动相结合的教学方式。班主任建立"空中课堂交流群"，每天摸排学生收看网课的情况，班级学科教师和学生同步收看网课，记录听课笔记。"阳光校园·空中黔课"的各项功能及资源，为学生创造了大量的精品阅读机会。学生可以随时随地开展学习，"阳光校园·空中黔课"成为学生可以自主对话的"良师益友"。

"阳光校园·空中黔课"俨然是全省最大规模的教研活动。甲秀小学积极组织各学科教师在线听课，不仅收看本年级课程，还收看本学科其他年级课程。听课时，教师们会思考"他（她）为什么这样上呢？如果是我，我会怎么上？""阳光校园·空中黔课"成为教师教学的"参谋"。借助"阳光校园·空中黔课"，教师们开展"线下教学＋线上教学"混合式学习模式的探究，教师们认为"阳光校园·空中黔课"是技术、资源、思维方式、方法论的集合体。未来，学校可参照"可汗模式"突出"学习"过程，构建甲秀小学课程资源库，打造各学科集知识点划分、教学同步于一体的精品课程，使学习更有趣、更高效。学生可以运用资源库进行预习和复习，通过课前发现问题和课后答疑解惑，有效缓解学生因担心跟不上教师的节奏而产生的学习压力。学生还可以从资源库里选取具有针对性、实效性的信息资料，教学的重点、难点自然迎刃而解。

3. "三点"为"一标"提供重要支撑

在"阳光校园·空中黔课"的录课、用课过程中，甲秀小学充分依靠政府、教师、家庭这三个支点，确保"阳光校园·空中黔课"这一线上教学渠道畅通无阳，从而实现"停课不停学，停课不停教"的目标。

首先，依靠政府保障线上学习的覆盖率，确保学生能够按时在线学习。甲秀小学提前了解了学生家庭中的电视机、机顶盒等用以接收"阳光校园·空中黔课"的电子设备的配置情况，并将相关信息上报给贵阳市教育局。随后，贵州广电传媒集团有限公司对不符合要求的 8 个家庭的机顶盒进行了免费更换，为 67 个没有机顶盒的家庭进行了免费安装，南明区人民政府为 1 个贫困家庭免费配送电视机、机顶盒等设施设备。

其次，依靠教师对学生进行管理和督查。甲秀小学针对部分学生因疫情可能会出现忧愁、焦虑和悲观等情绪的情况，要求教师及时做好心理健康宣传及学生心理健康疏导等工作。教师充分发挥 QQ、微信、钉钉等 App 的联络作用，完成学生网课学习的研修、监管、引导等工作。

最后，依靠家庭的支持。在初始阶段，学生参加"阳光校园·空中黔课"需要由专人指导。由于小学生自我管理能力较弱，特别是低学段的小学生，需要在家长的指导下进入"阳光校园·空中黔课"的播放程序。家长需督促自家孩子保质保量地收看网课，尽量避免因家长上班不在家而导致部分学生在收看网课时分心看电视或玩游戏等情况发生。

（六）特色教育，"互联网＋语文（书法）"的实践探索

语文（书法）是甲秀小学的特色教育。受"阳光校园·空中黔课"的启发，战"疫"期间，贵阳市"罗初澜书法名师工作室"按照甲秀小学"一标两抓三点"的"互联网＋教育"新模式，把建立基于核心素养视域下的中小学书法教学资源库作为己任，工作室研制出与之匹配的书法课堂教学系列微视频和在线协作研训模式，以期对地区中小学书法教育的普及有积极的促进作用。

甲秀小学书法特色教育坚持"以生为本，全面发展"的育人目标，确立"学主教从、以学定教"的观念，以解决目前学校学生的书法需求。书法特色教育不仅要切合学生当前学习实际，还要从国家层面出发，系统培养学生的书法核心素养，帮助学生形成比较稳定的和适应时代发展的汉字识写、章法表现、审美判断、以书育德、文化传承等必备品格与关键能力。

结合工作室在疫情期间延续学校书法特色的提议，教师们按照"两抓"路径，先是筛选出互联网上适合小学书法教育的视频、文字、图片等链接资料，接着将甲秀小学参与编写的贵州版《书法练习指导》第五册中的第 1 课到第 15 课做成小视频。

每个小视频大概 6—10 分钟，包括讲解、书写示范、图片、配乐等，后来考虑到校本教材的受用范围窄，且不具权威性，还是应以教育部认定的书法教材为主，于是改用华文出版社出版的教材，为加强整体认识，工作室教师下载了三、四、五、六年级的电子教材，对各册进行整体观照和就第一课进行文本解读、教学设计和视频录制，教学控制在 15 分钟以内，附带 10 分钟左右的示范书写微视频。抗"疫"期间，工作室拟将中国的书法文化、书法教育、书法技法等内容按照一定的序列做成中小学生喜闻乐见的微视频。师生只要在有网络的地方就可以点击自己感兴趣的页面进行学习或浏览，这是对课堂教学的有力补充。为有效解决甲秀小学教育集团书法教师缺乏的问题，甲秀小学将利用书法教育信息化网络分享平台统一安排学区内、集团内同步书法课堂的课程时间、授课内容等，有计划地分享 120 节"书法练习指导"同步微课，使学区内、集团内书法教育薄弱的学校的学生可以与甲秀小学的学生同听一堂课。在推进同步课堂过程中，还可根据主播学校和接收学校的师生差异，尝试不同类型、不同年级、相同层面不同层次水平的双向互动、单方接收、一对一、一对多、分片段同步、全过程同步等多种上课方式，突破重难点，展示课堂艺术。

鼓励接收学校的教师根据实际情况对提供的示范课堂进行选择性修改，并认真反馈信息以及时修订下一步方案，更好地为师生服务。

教育信息化体系的良好建设离不开教育行政主管部门、学校、教师、学生、家长等各参与方的共同努力。工作室拟在学术研修较为完善的基础上，充分依靠政府、教师、家庭三个支点，畅通线上、线下书法教学渠道，实现"翰墨修名师，国学润秀生"的目标。对此，甲秀小学将出台《甲秀小学书法公共资源平台建设办法》，制定"甲秀书法微课"评价体系，从管理者、教师、学生、社会等方面完善书法教学评价指标，激励名师们为甲秀书法教育提供"金课"，引导学生、家长充分利用公益书法课程资源学习成长。

新型冠状病毒感染疫情暴发后，甲秀小学的教育工作者一手抓疫情防控，一手抓教学组织，上下各司其职、勇于创新、同向发力，探索出"一标两抓三点"的"互联网＋教育"模式，实现线上教学效果最大化，力争高质量达成育人目标，它既是对"大数据＋教育"重要成果的应用展示，更是"战疫情、保教学"大考的一份完美答卷。甲秀小学是贵州省众多中小学学校的代表，甲秀小学将以战"疫"期间"阳光校园·空中黔课"建设为契机，带领全体教师，科学部署，探究更多的"金课"，用好"互联网+教育"，逐步建设科学系统的整个小学阶段的各学科精品课程资源库。这不仅是甲秀学区化、集团化办学的一个重要抓手，也是甲秀学区和甲秀小学教育集团学生公平使用优质教育资源的一个重要途径。

党的十八大以来，我国开启了加快推进教育现代化、建设教育强国、办好人民满意的教育的历史新征程。"阳光校园·空中黔课"正好为甲秀小学贯彻落实教育部《教育信息化 2.0 行动计划》文件精神，积极推进"互联网+教育"，坚持信息技术与教育教学深度融合的核心理念，构建网络化、数字化、智能化、个性化、终身化的教育体系提供了实践舞台。未来，甲秀小学将继续探索"互联网+教育"模式，为学生"学力"奠基，为教师"教力"助推，为促进教育公平贡献力量，用有深度的技术推动有温度的教育。"莫道浮云能蔽日，严冬过尽绽春蕾"（陈毅《赠同志》）。甲秀小学全体教职员工众志成城，不仅积极应对新型冠状病毒带来的挑战，也将为传统教育模式的现代化转型做出新的贡献，为我国教育事业的长足发展提供积极的经验和启示。

参考文献：

[1] 罗初澜. 空中黔课推动甲秀小学教育模式的现代转型 [J]. 贵州教育，2020（8）：7-10.

妙用数学文化主题活动提升小学生的思维品质

邓小玲

（贵州省贵阳市甲秀小学）

摘　要： 在全面建设社会主义现代化国家的新征程中，国家科技创新力的根本源泉在于人才的培养与汇聚。基础教育必须重视学生创造力的培养，这样才能为国家人才战略注入源头活水。教育学界已在提高学生创新思维能力的重要性上达成了共识，认为培养学生创造力的关键在于提升其思维品质。

关键词： 基础教育；创造力；思维品质

一、基础教育中小学生思维品质问题

（一）提升小学生思维品质效果不彰

林崇德认为教育是智育的过程，重要的是培养学生的思维品质。林崇德还认为把素质教育作为国策，强调的就是以创新精神为核心的教育。虽然教育部出台了一系列方针政策，用以推动育人方式变革，但实际上唯分数、唯升学等"顽瘴痼疾"依然存在，教师的教学观念和学生的学习意识急需破旧立新。南京师范大学关于小学生思维能力发展现状的相关调查研究结果显示：小学生思维方法掌握薄弱、思维能力低下、质疑与创新能力不足，学校与教师对学生思维能力的发展关键期把握不到位。这反映出：在学校教育中，教师没能帮助学生建立起从批判到创新的解决问题的思维方式，学生思维品质发展滞后。

（二）培养小学生思维品质途径单一

小学生思维品质的提升不能完全脱离课堂教学这一主渠道，应深挖教材的文本价值和育人价值。数学作为基础学科，在培养学生思维品质方面有着举足轻重的作用。在《义务教育数学课程标准（2011版）》的指导下，数学教科书中增加了"数学文化"课程内容，作为促进学生全面发展的重要组成部分，目的是使学生掌握现代生活和学习中所需要的数学知识与技能，发挥数学在培养人的思维能力和创新能力方面的不可替代的作用。针对基础教育课程结构中过于强调学科本位、科目设置繁多、缺乏跨学科整合等问题，我们应当丰富教育载体，设计并实施连接学科内部、跨越不同学科以及联系社会生活的数学文化主题活动。这样做不仅能拓宽小学生学习的渠道，还能丰富小学生校园活动的形式与内容，更好地满足小学生的成长需求。

（三）数学文化主题活动功能发挥弱

由于数学文化的内容在教科书中占比小，广度、深度都有限，且尚未建立完善的教学方法体系和评价标准，因此，在短期内提高学生成绩的效果不明显。目前，数学文化在学校和社会上的受重视程度不够，大多数教师受限于课堂教学，内容往往流于表面；在教学方法上，又过于重视学生解题能力的训练，而忽视了学生综合能力的发展及培养。因此，现有的数学文化主题活动缺少主线整合、缺乏有效措施、缺失落实途径，不能为学生思维能力和创新能力的发展提供有效支撑，功能发挥不足，育人效果甚微。

二、解决的主要问题及方法

知易行难。知育水平可以通过静态评价进行检测，而智育成果则需要多维度、长时间、重方法、巧构思的实践才能培育出来。

（一）解决的主要问题

①课堂教学形式简单，只重知育不重智育。教师在教学活动中，往往会忽视学生的主体地位，施行"单边主义"，不重视科学育人规律，以知育替智育。学生思维能力培养被简化为思维训练，不能促进其核心素养的发展。

②学生不能运用所学知识解决实际问题，能力培养与社会生活脱节。课堂教学与现实生活的联系不紧密，学科内、学科与学科、学科与社会之间，缺少主题整合。学生缺乏运用知识的渠道，缺少连接书本知识和真实世界的桥梁，从而导致思维培养的方方面面流于形式。

③学校育人模式太单一，欠缺立体的科学智育环境。学校未与家庭、社会间达成一致的育人目标，平台利用不充分。此外，学校在面对学生个体差异时，教育的多元性和包容性显得不足，且组织的学习活动往往没有充分考虑到学生个人特质与环境之间的适应性、协调性和互动性。

（二）解决问题的方法

①妙用特色主题活动，激发学生活动参与热情。

②慧启三重课堂平台，深化推进"三全育人"模式。探索协同育人新模式，创建智慧三重课堂：A. 立足课堂教学改革，发展师生共创灵动新样态。B. 拓展课外新方式，构建立体化、生活化模拟应用场景。C. 走进研学基地，贯通美妙世界精彩元素。

三、成果的主要内容

自2013年起，为顺应时代的要求和课程改革的方向，甲秀小学及其教师致力于挖掘"数学文化"课程内容的内涵及其教育价值，努力开发相关的校本课程，旨在更好地传承和弘扬数学文化。市级课题立项后，我们进入深度学习和系统探究通道，并有专家的悉心指导，不断升华育人内涵，经反复验证推进，最终形成"四位一体 特色育人"数学文化主题活动（见图1）教学成果。

（一）构思巧妙、环环紧扣、办实事

①建构"数学文化主题活动"课程。设计"乐意思——数学文化主题活动"育人校本课程，开发文化熏习、情境思悟、力行创新三大类儿童活动模块，通过数学家故事、数学历史、数学美学、数学智慧以及生活中的真实问题，进行深入学习和实践，实现综合性学习，编写《数学文化读本》《活动实施方案》《校本活动手册》。

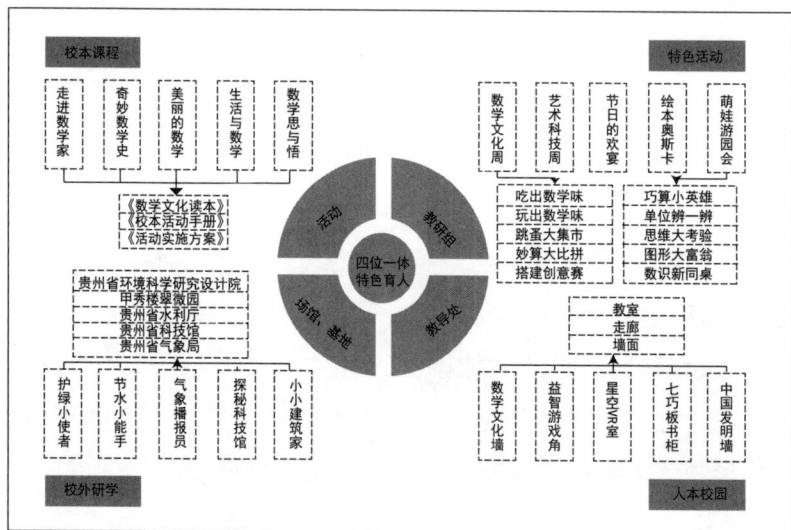

图1 "四位一体 特色育人"数学文化主题活动

②优化数学文化特色活动方案。走出数学课堂，向生活延伸，依托联席会，与主持人、专家和策划小组合力创设"玩出数学味""吃出数学味"等"数学文化周"特色活动，激发师生参与数学活动的热情，融合各学科智育之功效，连续三年举办大型的综合性特色主题活动，率先在区内改革期末评价方式，推出"萌娃游园会"等活动。

③上下互动营造善思校园氛围。"中国发明墙"蕴爱国品德，"数学文化墙"促自修自学，"益智游戏角"兴探秘妙趣，"七巧板书柜"融巧思实操，"星空 VR 室"通未来创新。团队领航，转变育人思维，科研骨干精心钻研教法改革，师生愉悦激发潜能的发展。

④落心落力开发校外研学基地。聚全社会育人力量，争取校外单位和家长志愿者的支持，在贵州省科技馆、贵州省环境科学研究设计院、贵州省气象局等单位建立研学基地，让学生走进社会生活大天地，走进问题真场景，开展"探秘科技馆""气象播报员""节水小能手""护绿小使者"等主题活动，这些活动均可邀请父母共同参与。

(二) 智慧汇聚、聚焦质量、勇创新

①育人方案落点新：积极回应新时代人才培养关键问题，在全面提高办学质量、育人质量的基础上，聚焦思维品质提升的关键环节，拿出以数学文化主题活动育人

的观念举措，多维度、立体化地培育未来担当兴国大任的青少年。

②问题解决方法新：重点是提升思维品质以助力学生解决社会生活真问题，实现终身发展。难点是多维度、实践性、有效性、持续性地提升学生的思维品质。创新点是形成课堂内外、学科之间、学校内外同步育人的新格局。

③科学验证模式新：观察数年参加数学文化主题活动的学生，其思维品质得到了发展，学习能力和实践能力都有显著提高。成果经科学验证，活动中的关键环节还可以还原到真实应用场景中。

④社会影响日益新：成果被新华网、环球网、光明网、中国文明网、当代先锋网、《贵州都市报》、《贵阳日报》、《贵阳晚报》等多家媒体报道，称其"开展创新教育，学校学习探究氛围浓厚，是教育改革的创新者，教育扶贫的先行者，学生成长的引导者"。成果获中国港澳地区同行的认可，与香港陈吕重德学校形成联动；成果获贵州省领导的肯定性评价，称"成果具创造性与创新性，效果显著"；成果获上级认同，主持人也因此被评为国培指导专家和贵阳市基础教育专家库专家。

(三) 互帮互助、科学验证、产实效

①组建数据分析团队，开展比较与分析。在基地校开展全面实践，利用主持人

副校长的身份全面推进实验进程，收集并筛选数据，以便对实施前后的情况进行对比分析。

②在集团内部与外部进行深入调研，精心挑选学校进行项目验证。在此过程中，充分收集并分析反馈数据，确保项目能够在选定的三所实验单位成功实施，并且在这些单位扎根发展，实现长期目标。深化实践成果个性化发展，带动实验校的教师团队进步与发展。

③逐渐形成理论推而广之。依靠实验单位验证结果，将成果内容以多种方式、多种途径推广，聚焦关键环节，修订实施方案，使其被更多地区和学校采纳。

四、效果与反思

首先，学校特色办学更添新精彩，进一步发挥品质强校示范引领作用。其次，平台建设意识大幅提高，师生合力创建品牌动力增强，教科研追求焕然一新。再次，确定具体落实的载体平台，高效措施逐渐成形。然后，联袂开展教学实践使"成己达人"教育理念落地生根，高校专家、教科研团队与小学教师共同前进。最后，小学生因思维品质提升而未来可期，从学校声名远播可见一斑。

（一）实施效果

1. 小学生自我意识逐渐觉醒

通过数学文化的介入，小学生逐渐意识到自己是学习的主人，开始积极关注与追问自己的内心需求。小学生逐渐意识到自己与集体的关系，意识到自己的个性品质能在集体中得到发展，通过特色活动提高自身综合能力，建立自信。

2. 小学生迁移能力与创造能力增强

教师意识到思维品质的培养离不开实践，所以特别注重学生迁移能力与实践能力的强化。利用学生可塑性，在校内开展"玩出数学味""思维大考验"等创意活动，引导学生将知识运用于生活实践，并肯定每位学生的个体差异表现，巧用小学生的探究欲，形成基于学生内在动力的创意思维品质课程。

3. 师生共同进步，多样化教学方式促进学生全面发展

借助平台建设，对校园文化进行整体部署，形成"品质校园特色"的品牌效应。学校从以规模扩张和空间拓展为特征的外延式发展模式，转变为以提高质量和优化结构为核心的内涵式发展模式。

4. 收集准确、详细的数据，进行指向明确、科学的分析

（1）小学生思维品质发展硬证据

①读、思、悟，日日力行。每天早上

8：30，红领巾广播站开始"走进数学家主题节目"故事诵读；中午12：10又推出"奇妙数学史"主题节目；此外，还通过落实教材中的"你知道吗？"数学文化读本，让学生、教师、家长共同分享数学文化之美妙。

②在特色活动中增知树人。在"萌娃游园会"特色活动中，学生们主动践行乐思善学的理念，争做"善思小达人"，"巧算小英雄""单位辨一辨""思维大考验""图形大富翁""数识新同桌"等项目都极受欢迎。

③受益于中心城区极佳的地理位置，师生因利乘便开展"探秘科技馆""气象播报员"等活动。基于互助、互进、共成长的教学理念，学生亲手操作数学模具、科学仪器，与科研工作者共同探索科学奥秘。小学生在周记中写道：实地参观已经超越了书本的局限，模拟实验是探索的开端，我们应树立为祖国科技建设添砖加瓦的远大理想。

（2）构建数学文化主题活动体系

①巧设立体化、多层次课程。团队精研勤思，开发了兼具趣味性和育人功能的主题活动校本课程，体现了对思维品质的独特理解。例如，教师主导主题活动，教研组推行文化周活动，教导处领衔打造"善思校园"，利用校外场馆和基地进行研学活动。

②运用学科融合特色活动验真知。通过"数学文化周"特色活动，实现"教、学、做"多位一体，内化体验，达成育人目标；依托"艺术科技周"特色活动，唤醒学生对数学、艺术、社会和科学的联想，拓宽视域；借助"节日的欢宴"特色活动，感受中国传统文化的力量，形成正确的价值观；活用"绘本奥斯卡"特色活动，情景式深度模拟创新大世界；创设"萌娃游园会"期末评价新方式，开发减负提质的新思路。

③检验、推广、创新课程的内涵。在发扬成果主体检验单位的优势中，拓展课程资源开发的立体思维，数次接待港澳地区和贵州省内外小学来访，组织教师参加全国及省、市、区级教科研、教育教学技能大赛。连续六年承担"国培计划"培训组织工作，开展校外研学活动和共建活动。通过集团校发展、学区化管理、组团式帮扶、"一对一"帮扶、百校扶百校等方式，尽显教育者与成果团队的实干精神。

（3）为国育才、为国成才氛围浓厚

①思维品质提升成课程改革趋势。通过数学文化主题活动体系建构，使"五育"并举有了抓手，使小学生获得了自主成长的能力，显著提高了学校的整体办学水平。评估显示，基地校小学生自主学习习惯逐步养成。

②聚焦关键环节、关键步骤，即明确育人要求、准则与行为规范。通过聚焦关键环节，小学生开始形成利于创造力发展的思维品质。在后期的测评中，我们发现75%的小学生在思维品质方面有了显著提升，这主要归功于活动课程的精心设计、学习环境的优化以及教师采用的创新教学方法，这些因素共同促进了学生的成长。

③品牌项目与关键举措获得广泛认可。我们的教学成果及其关键方法和举措首先在贵阳市获得了广泛认可，随后影响力逐渐扩大，跨市（州）辐射到了六盘水市、毕节市、黔西南布依族苗族自治州等地，最终，其影响力甚至跨越省份，远达黑龙江省，展示了其深远的教育价值和广泛的示范效应。我们的教学方法冲破已有教学模式的空间局限，着力消除小学生思维品质培养的依附性与兴趣性缺失等问题，使他们主动走出班级，争做自己学习的"主人"。

（二）成果反思

成果体现了学校贯彻落实立德树人根本任务以及为党育人、为国育才的宗旨。成果形成过程始终遵循素质教育规律，以及学生的主体地位，从学生的全面发展和自主成长出发，不断探索改进实践方法。成果具有一定的前瞻性、时效性和创新性，在解决关键问题的举措中，体现了主持人和团队的独特经验和见解。在研究过程中也产生了许多新的问题，还需要教育者们奋斗不止、精进不怠地持续探索。

1. 研究应特别关注学生的德育需要

数学文化也是人类文化的一部分，研究促使学生对知识进行追本溯源，特别是那些中国智慧的结晶，更能唤起学生的爱国情怀。研究不能只关注一个维度，尤其在学生与外界客体相互作用的实践中，更应特别关注其德育需要。

2. 评价的方法还可以进一步改进

学生的反馈是团队开展科学研究的重要依据。但在实践过程中，并没有形成科学而完整的评价体系。回望评价内容和过程，还是有很多不足之处。比如：导向不够明确，对学生行为的捕捉和观察不够及时，未深入测查学生思维品质提升和综合素养培育之间的密切关系，以及周期性评价和档案建立没有得到落实等。

3. 教科研空间还可以进一步拓展

教师是发展教育事业的主要力量，鼓励他们持续开展教科研工作，从而帮助他们提高理论水平，向"专家型"和"学者型"教师转变，最终使学生受益。区域内有不少先进的教育改革研究成果，相互之间如能加强学习和合作，共同持续开展实践研究，将助力教改成果进一步得到高质量转化，将带动整个区域绽放出新的活力。

参考文献：

[1] 李林波 . 数学文化在小学数学课堂中的渗透 [J]. 教学与管理，2020（1）：100-102.

[2] 付天贵，宋乃庆 . 走向小学数学文化自觉的思考 [J]. 数学教育学报，2019，28（6）：51-54.

[3] 韩翠萍 . 小学数学教学中文化渗透的探索 [J]. 教育理论与实践，2017，37（35）：47-49.

基于 PBL 的小学语文教学设计思路探究

——以五年级上册第三单元为例①

汤 瑞

（贵州省贵阳市甲秀小学）

摘 要：本文简要介绍了项目式学习的起源、在中国的发展历程及其基本特征，并通过具体的实例，呈现在语文大单元教学中如何运用项目式学习达到新课标的要求。

关键词：PBL；语文教学；设计思路

一、什么是 PBL

PBL，即 Project-Based Learning 的缩写，中文译为项目式学习，又译为项目化学习。项目式学习的起源有多种说法。大多数学者认为其脱胎于威廉·赫德·克伯屈（1871—1965）的设计化教学法，还有学者认为可以追溯到他的老师杜威（1859—1952）的"做中学"实用主义教育哲学。毋庸置疑的是，经过漫长的发展，项目式学习不但没有被历史淘汰，反而在世界范围内得到了广泛的认可和运用。

在 2000 年左右，中国上海的多位教育专家已经就项目式学习开展研究并发布了研究成果。20 余年来，我国多地都开展了相关的实践。知网上收录的公开发表的本土研究论文有 3 万余篇，侧面证实了这种教学模式的实践价值和研究价值。

《中共中央 国务院关于深化教育教学改革全面提高义务教育质量的意见》中提出：探索基于学科的课程综合化教学，开展研究型、项目化、合作式学习。《义务教育课程方案（2022 年版）》中提到：（在深化教学改革方面的要求是）积极开展主题化、项目式学习等综合性教学活动。在政策的

---

① 此论文是贵阳市南明区教科研课题"基于 PBL 的小学语文综合性学习实施研究"的研究成果

引导下，项目式学习已成为基础教育深化课程教学改革、落实实践育人要求的重要方向。

项目式学习是指从真实的问题情境出发，引导学生在一段时间内持续开展探究，尝试创造性地解决问题，并最终形成项目成果的教学方式。实施的关键问题包括：如何设计驱动性问题、如何基于驱动性问题设计项目任务、如何培养学生的高阶思维、学习支架如何设计和运用、组织策略如何保证项目实施、评价量表如何设计和使用。

通过浏览这些关键问题，或许您已经发现，项目式学习与传统课堂教学模式之间的差别。1918 年，威廉·赫德·克伯屈发表《设计教学法》一文，正式阐述了设计教学法的基本主张。他用"热诚的自愿活动"来定义"设计"：设计是自愿的活动——从自愿决定目的，指导动作，到供给动机的活动。威廉·赫德·克伯屈认为：儿童的学习是通过多种多样复杂的反应得来的，而且是自主的活动而非在教师

要求之下的活动。如果学生失去了自己提出的目标，但教师仍然要求去完成，那么项目就成为单纯的任务和苦差事。同时，威廉·赫德·克伯屈也把完成一项"设计"划分为 4 个环节：确定目标、制订计划、执行操作、评判结果。

项目式学习同样具备以上 4 个环节。在不同的主题、学情、课堂条件等情况下，达成主要教学环节和教学目的的途径与方法不尽相同。下面，笔者就如何运用项目式学习法，对部编版小学语文课本五年级上册第三单元的启动课进行设计，与大家一起探讨。

二、项目式学习在语文大单元教学设计中的实践运用

部编版小学语文课本五年级上册第三单元以"民间故事"为主题，选取了《猎人海力布》《牛郎织女》两个民间故事。具体的教学任务要求如表 1。

表 1　部编版小学语文课本五年级上册第三单元基本教学内容与教学任务

教学内容	教学任务
《猎人海力布》	◎默读课文，说说课文写了海力布的哪几件事 ◎试着以海力布或乡亲们的口吻讲一讲海力布劝说乡亲们赶快搬家的部分 ◎根据课文内容，给那块叫海力布的石头写一段话，简要介绍它的来历

续表

教学内容	教学任务
《牛郎织女（一）》	◎默读课文，说说牛郎和老牛是怎么相处的，他和织女是怎么认识的 ◎课文有些情节写得很简略，请你发挥想象，把情节说得更具体，再和同学演一演 ◎课文中有很多不可思议的地方，在其他民间故事中找出你觉得不可思议的情节和同学进行交流（选做）
*《牛郎织女（二）》	◎用上一单元学到的阅读方法，尽可能快地默读课文，了解《牛郎织女》的结局 ◎联系上一篇课文说说，如果给牛郎织女绘制连环画，你打算画哪些内容？每幅画配什么文字
口语交际	◎你还知道哪些民间故事？开一个"民间故事会" ◎通过丰富故事细节，并配上动作和表情等，把故事讲得生动有趣
习作	◎缩写故事
语文园地	◎体会不同表达效果的词语的区别 ◎仿照例子，把情节说得更具体 ◎学习古诗《乞巧》
快乐读书吧	◎读更多的民间故事

（一）梳理整合单元教学任务

在课堂教学中运用项目式学习教学方法，是为了激发学生学习的主动性，使得教学任务得到更有效的落实。项目式学习并不独立于课文和教学任务之外，给教师和学生增加额外的负担。因此，在第三单元教学中运用项目式学习教学方法，首先就要考虑教与学的任务是什么。通过梳理，拟出了表2和表3。

表2　部编版小学语文课本五年级上册第三单元教学任务梳理表

能力	教学任务	整合后的任务
读	◎默读课文，说说课文写了海力布的哪几件事 ◎默读课文，说说牛郎和老牛是怎么相处的，他和织女是怎么认识的 ◎用上一单元学到的阅读方法，尽可能快地默读课文，了解牛郎织女故事的结局	◎快速默读课文，梳理故事主要情节

续表

能力	教学任务	整合后的任务
说	◎试着以海力布或乡亲们的口吻讲一讲海力布劝说乡亲们赶快搬家的部分 ◎仿照例子，把情节说得更具体 ◎课文有些情节写得很简略，请你发挥想象，把情节说得更具体，并和同学演一演 ◎通过丰富故事细节，并配上动作和表情等，把故事讲得生动有趣	◎把故事情节说得更具体 ◎创造性地复述故事
写	◎体会不同表达效果的词语的区别 ◎根据课文内容，给那块叫海力布的石头写一段话，简要介绍它的来历 ◎联系上一篇课文说说，如果给牛郎织女绘制连环画，你打算画哪些内容，每幅画配什么文字 ◎缩写故事	◎提取主要信息，缩写民间故事 ◎给缩写后的民间故事配上图画，制作民间故事连环画
拓展	◎课文中有很多不可思议的地方，在其他民间故事中找出你觉得不可思议的情节和同学进行交流（选做） ◎学习古诗《乞巧》 ◎读更多的民间故事 ◎你还知道哪些民间故事，开一个"民间故事会"	◎学习古诗《乞巧》 ◎读更多的民间故事 ◎开"民间故事会"，推介民间故事

表3　表2中的教学任务在小学语文课本中勾连的知识点

教学任务		勾连的知识点
说	◎把故事情节说得更具体 ◎创造性地复述故事。	二年级上册第三单元　借助字词、尝试讲述课文内容
		二年级下册第七单元　借助提示（示意图片）讲故事
		三年级下册第八单元　了解故事的主要内容，复述故事
		四年级上册第八单元　了解故事情节，简要复述课文
读、写	◎快速默读课文，梳理故事主要情节 ◎提取主要信息，缩写民间故事 ◎给缩写后的民间故事配上图画，制作民间故事连环画	二年级下册第六单元　提取主要信息，了解课文内容
		三年级下册第四单元　借助关键词句，概括段落大意
		四年级上册第五单元　写一件事，把事情写清楚
		六年级上册第六单元　抓住关键词句，把握文章的主要观点
		六年级下册第一单元　习作时注意抓住重点，写出特点

（二）设计驱动性问题

1. 驱动性问题的重要性

驱动性问题的设计是项目式学习的重要维度，在很大程度上决定了项目的质量。开展项目式学习的前提是需要设计一个合适的驱动性问题。

2.驱动性问题的定义

驱动性问题是围绕项目主题设计的、契合课程标准的、具有凝练意义的问题，能够引导学生自主探究并解决关键问题。

3.驱动性问题的功能

项目式学习是由一系列教学活动组成的。驱动性问题需要贯穿项目式学习的全过程，从而推动项目的进展。与传统教学相比，驱动性问题还具有关联各个学科、整合知识点、提高知识的综合运用能力的功能。驱动性问题是有意义的情境化问题，能够将学生置于真实世界的情境中，引导学生关注"做"背后的思考过程。

4.课标要求

第三单元的主题是"民间故事"，单元导语是这样表述的：民间故事，口耳相传的经典，老百姓智慧的结晶。《义务教育语文课程标准（2022 年版）》把中华优秀传统文化作为课程内容的主题与载体形式之一，并且要求在学习中华优秀传统文化内容主题时，注重弘扬讲仁爱、重民本、守诚信、崇正义、尚和合、求大同等核心思想理念；弘扬有利于促进社会和谐、鼓励人们向上向善的中华人文精神；弘扬自强不息、敬业乐群、扶危济困、见义勇为、孝老爱亲等中华传统美德。

中华优秀传统文化的主要载体为：汉字、书法、成语、格言警句、神话传说、寓言故事、历史故事、民间故事、中华民族团结一家亲的故事、古代诗词、古代散文、古典小说、古代文化常识、传统节日、风俗习惯等。

而在《义务教育语文课程标准（2022 年版）》第四学段"文学阅读与创意表达"中要求：引导学生在语文实践活动中，通过整体感知、联想想象，感受文学语言和形象的独特魅力，获得个性化的审美体验；了解文学作品的基本特点，欣赏和评价语言文字作品，提高审美品位；观察、感受自然与社会，表达自己独特的体验与思考，尝试创作文学作品。

5. 学情分析

笔者所在学校的五年级学生语文基础扎实，对之前的语文技能掌握得较好。学生课外活动的内容和形式比较丰富，参与率比较高。学生思维比较开阔，表现能力比较强。学生课外阅读量比较大，对民间故事有一定的了解。

笔者所在地区文化氛围较好，学生接触到的文化活动比较多。学校每年都会举行"学科文化周"活动，学生可以在文化周上进行实地展示。学校活动与中华优秀传统文化关联较多，利用多种形式展示和推介民间故事。

通过观察和评价等方式梳理后发现：学生的概括能力发展不均，部分学生认为准确地概括课文的关键内容是一件难事；有的学生想象力较弱，无法用丰富的词语、清晰的逻辑把事情阐述清楚。

6. 驱动性问题的提出

综上所述，并结合表1、表2、表3的具体要求，基于激发学生产生自主达成学习目标的动力，立足"学科文化周"的现实需求，抓住民间故事"口耳相传"的特征，第三单元的驱动性问题设计为：在"学科文化周"上，你怎么向大家推介民间故事呢？

（三）基于驱动性问题设计项目任务

项目任务是学习者为了解决问题开展的活动。一个任务可以有多个环节或步骤，项目任务包含核心任务及支持性活动，通常分为设计型任务、研究型任务、制作型任务、展示型任务、评价型任务等。

1. 设计核心任务

核心任务是沿项目主线，为解决驱动性问题而设计的任务。它围绕主题，将驱动性问题分解成多个有学习逻辑关系或知识链关系的学习活动。

围绕"在'学科文化周'上，你怎么向大家推介民间故事呢？"这个驱动性任务，回顾教学任务的要求，我们设计了与之匹配的核心任务：读民间故事、讲民间故事、写民间故事、推介民间故事，详见表4。这4个任务贴近学情，教师可以设置相应的评价和检测标准，学生也有能力完成任务。

2. 设计支持性活动

顾名思义，支持性活动是对学生完成核心任务能起到支持作用的活动，它围绕知识、技能、方法进行设计，目的是帮助学生补齐短板，从而推动学生最终解决驱动性问题。

表4 核心任务的设计

核心任务		主要活动类型	内容	方法/工具	作用
读民间故事	◎快速默读课文，梳理故事主要情节 ◎读更多的民间故事	探究型	◎调查民间故事的类型 ◎读课内外民间故事	调查法、文献法	◎引导学生用多种方法自主识字，体会意思相近的俗语或成语的不同表达效果 ◎引导学生提高读的速度，把握故事主要内容 ◎引导学生初步了解民间故事的特点，感受故事中朴素的价值观
		评价型	◎完成测试题	测试题单	
		制作型	◎制订进度表	进度表、读书笔记	

续表

	核心任务	主要活动类型	内容	方法 / 工具	作用
讲民间故事	◎把故事情节说得更具体 ◎创造性地复述故事	设计型	◎为情节增加内容或动作	个人或小组设计、排练	◎帮助学生打开思路，学到更多创造性复述故事的方法，提高复述能力 ◎帮助学生清楚地复述读过的民间故事
		展示型	◎创造性复述故事	展示活动或视频	
		评价型	◎教师评价 ◎学生互评	评价表、点赞卡	
写民间故事	◎提取主要信息，缩写民间故事 ◎给缩写后的民间故事配上图画，制作民间故事连环画	制作型	◎缩写民间故事	任务单	◎教会学生缩写故事的一般办法 ◎引导学生缩写民间故事，做到内容完整、情节连贯、语句通顺
		评价型	◎教师评价 ◎学生互评	评价表	
推介民间故事	◎在"学科文化周"上，向大家推介民间故事	展示型	◎采用多种形式推介民间故事	活动方案	◎教会学生如何推介民间故事 ◎传承中华优秀传统文化
		评价型	◎教师评价 ◎学生互评	点赞卡、评价表	

3. 如何管理任务

为达到预期目标，教师可以通过多种方式控制任务的进程和效果。

首先，教师可以向学生出示整个项目计划书，甚至在设计项目时可以邀请学生一起参与。

其次，教师可以在学生开展活动之前，向学生提供评价量表等评价工具，以确保活动的质量。

再次，教师可以充分利用年级组集体备课、班级里的小组合作等形式做好项目主体和各部分的管理。

最后，教师可以引导学生设计和实施个人计划、小组计划，制订进度表，以及撰写日志等。教师要积极和学生进行交流，调动学生的主观能动性，不断提高学生的积极性、责任意识和项目设计、执行能力，从而保障任务的顺利完成，最终促进学生创造、分析、实践、创新、批判、决策等高阶思维能力的形成。

（四）学习支架的设计及运用

学习支架是项目式学习中经常运用的辅助性工具，它是学生现有发展水平和可能达到的水平之间的"楼梯"，它与普通的工具有一定区别，若学生能解决当下的问题，那么这个工具将被撤除。

学习支架有 5 种常见类型：情境型、策略型、资源型、交流型、评价型，也有 5 种常见形式：范例、提问、建议、操作指导、图示表格。使用什么样的学习支架，可以根据项目开展的具体情况来选择。

项目在启动阶段、实施阶段、展示阶段所选用的学习支架也是不尽相同的，下面就本项目进行具体阐述。

1. 启动阶段的学习支架

项目启动阶段是整个项目的开始。学习支架的设计，主要为学生明确项目目标、制订项目计划服务。在项目开始阶段，整体构想还不完善，项目组成员的分工也许不太合理，初步的设想可能会被推翻，这个时候及时运用学习支架，能够帮助学生明确目标，理清思路。

在启动阶段，有两种常见的学习支架可以供大家参考。

一种是"5W2H"法，详见表 5。

表 5 "5W2H"法在本项目启动阶段运用示例

What	"推介民间故事"项目
Why	掌握推介方法，传播中华优秀传统文化
Who	全体学生
When	2023 年 11 月初或长期
Where	课堂上、学科文化周、生活中
How	怎么推介？是不是需要先读？读完以后对民间故事有多少了解？还需要调查和分析吗？如果给别人讲这个故事，怎么讲别人才会喜欢听呢？可以写下来吗？除了编连环画还有其他更多的形式吗
How much	完成：项目计划、读书笔记、检测单、复述视频、习作、连环画、推介方案、其他

另一种是"角色代表圆桌会"（详见表 6）。"角色代表圆桌会"可以由负责项目的教师或学生，先进行前期的访谈或筛选，选择可以代表群体的成员，在项目启动前，对项目的设计进行讨论。讨论时，代表可以设想自己处于真实的情境中，尽可能以用户思维进行思考，以期更深入地分析，更精准地预判目标。比如在本项目中的用户，即是被推介的人群。讨论时，还应认真进行观点碰撞，以促进创意的产生。讨论前，还应制定一定的流程，保障讨论的顺利进行。

本项目的预设如表 6 所示。

表 6 "角色代表圆桌会"在本项目启动阶段运用示例

代表的角色	角色需求	流程
同学	想听到更多有意思的民间故事，也喜欢更丰富的展示形式	开展角色调查 ↓ 记录角色需求 ↓ 组织圆桌谈论 ↓ 制订驱动性问题
父母	更关注孩子语文能力的提高和价值观的形成	
老师	更想了解现在的学生在民间故事里学到了什么	
外国友人	想了解中国的民间故事，但是可能看不懂中国字，也听不懂中国话	
自己	学习更多的民间故事，提高讲民间故事的能力，甚至能创作新的民间故事	

2. 实施阶段的学习支架

项目实施阶段是问题集中产生的阶段。尽管经过学情分析和启动阶段的严谨规划，但是还是会产生各种突发问题。问题主要与项目实施的效率及学生思维能力发展有关。例如：某些学生对驱动性问题不感兴趣；任务中有知识盲点，学生不知道如何入手；讨论的时间太长或范围太广，不能按时解决主线问题；解决问题的方法太陈旧，学生解决问题的能力没有得到有效提高。

遇到以上这些问题时，教师也不需要太过担心，及时给予学习支架，帮助学生解决问题。

解决这些项目实施过程中产生的问题，我们可以使用策略型学习支架或交流型学习支架。策略型学习支架一般是在掌握知识、技能阶段使用，而交流型学习支架则常用于发展、评论、修订等阶段。

"专家拼图"和"世界咖啡"属于策略型学习支架，而"635 头脑风暴""叠加法""创意墙"等属于交流型学习支架。下面，我们试着预设本项目可能产生的问题及利用以上提及的方法去解决问题。

（1）"专家拼图"的运用

"专家拼图"是把学生进行分组。长期在一起实践的小组被称为拼图组，临时在一起学习的小组是专家组。先把学生分成几个拼图组，一个学生就是一块"拼图"，以一个核心任务的支持性活动个数，确定"拼图"块数。如核心任务"读民间故事"，有以下几个支持性活动：制定阅读计划、分类筛选民间故事、设计民间故事题库、梳理故事主线，那么拼图组就是 4 人一组。每位学生依据自身特长或所划分的任务，又与其他拼图组带有同样任务的同学组成临时专家组。

"制定计划"专家组的同学要共同学习制定计划的相关知识，并进行练习，练习熟练后回到拼图组，利用习得的能力，一起合作完成项目。

（2）"世界咖啡"的运用

在教室里设置若干固定座位数量的"咖啡桌"。围绕项目，一张桌子有一个桌主，桌主负责设置一个话题，其他学生自选桌子，讨论设置的话题。一定时间后，桌主汇报讨论结果。一轮结束后，桌主不动，学生进入下一桌讨论。

（3）"635 头脑风暴"的运用

"635"指 6 个人在 5 分钟内分别写下 3 个创意，循环 6 次后，可以在 30 分钟内获得 108 个创意。

每个人可以先写出设计方案，然后由其他人在前一人的意见基础上提出新的改进意见，产生 108 个方案后，大家讨论并筛选出最优方案。

（4）叠加法的运用

组内先确定一个所有成员都认可的主想法，大家提出建议。后面的人不能否定前一个人的想法，用"是的，而且……"的句式加上自己的想法，小组进行记录。

（5）创意墙的运用

在一个区域设置创意墙，在给定时间内，成员将自己的想法写出来并贴在墙上，让所有人看到。

3. 成果展示阶段的学习支架

本阶段，学生需要完成成果的产出，并对项目进行反思。成果不仅要获得团队的认可，还要面向所有人，且关键是能解决真实问题。

在本阶段，学生可能面临"展示什么""怎么展示"等难题。展示什么呢？对项目式学习而言，不仅是展示作品，还要展示学习的过程。对于一些学生而言，如果过程中没有太多的参与，或者缺乏积累和记录，那么在这个环节，就会毫无头绪。

怎么展示也是一个难题。项目式学习注重学习过程的真实性，对于一个真实的成果而言，其吸引力也非常重要。如果每个组展示的内容都差不多，千篇一律，那么学生的探究兴趣就会下降。有的学生不善于抓住重点，把所有的内容都拿来讲，无法呈现亮点，反而会起反作用。

在这个阶段，你可以试一试 SCAMPER 思维法、展板设计法、专家答辩法。

（1）SCAMPER 思维法

SCAMPER 思维法是一种创意思考工具，它有检视和提高创意水平的作用，可以帮助学生找到灵感，完善成果展示的内容，以及给学生的展示内容提供表达的框架。

我们可以把它运用于本项目成果展示　　阶段，如表 7 所示。

表 7　SCAMPER 思维法在本项目成果展示阶段运用示例

思考维度	维度分析及改进
Substitute（替代）	思考：项目计划书环节太多，参观者愿意仔细地去看吗 改进：用流程图替代 ……
Combine（合并）	思考：展示缩写的习作会不会太无趣 改进：用编写的连环画替代 ……
Adapt（改造）	思考：面对同学和面对教师的推介侧重点是不是应该不同 改进：有部分展板可以突出教师关注的内容 ……
Modify（修改）	思考：XX 小组的初期作品非常有意思，可能会很吸引人 改进：重点打磨，放大作品的优点，调整展出位置 ……
Put to other uses（改变用途）	思考：每年都有课本剧比赛，优秀视频是不是可以改变成课本剧 改进：好的节目可以打造成课本剧
Eliminate（去除）	思考：太花哨的服装、道具偏离了语文学科的教学目标 改进：根据学生的能力进行调整，如果方便且便宜，可以购买，其他可以自制 ……
Reverse or Rearrange（逆向或重组）	思考：现有的民间故事都有一些不合理或不符合现代价值观的地方 改进：我们自己改编或创编一些故事也是可以的 ……

（2）展板设计法

展板设计法其实是教师比较熟悉的一种方法，项目式学习的展板需要呈现什么呢？为了让所有人清楚地明白项目的设计目的和设计方向，可以通过提取关键信息和举例来呈现，如图 1 所示。

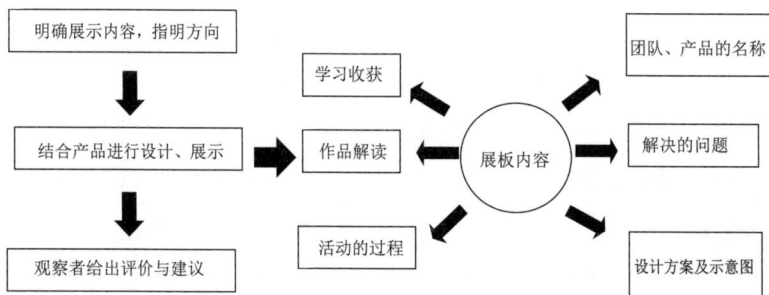

图 1　展板设计法使用流程

（3）专家答辩法

专家答辩法，即把专家答辩搬进课堂，模拟答辩的教学方法。教师需明确答辩的规则，并且帮助学生明确探索的目标。答辩的流程，可以针对项目开展的过程，设置"个人思索""小组合作答辩""接受专家质疑""专家打分"等环节。学生需要展示小组成果，并且能明确、清晰地回答预设问题。

（五）学习评价量表的设计与应用

评价是项目式学习的重要环节。评价量表是基于真实性的，用于对学生在项目过程中的行为、表现、作品、成果进行评价或等级评定的一套标准。不同的项目，设计或采用的评价量表也是不一样的，但是每一套评价量表，都会有完整的结构、适宜的维度，以及合适的尺度。

评价量表的结构一般包含4个要素：标题、任务、维度（知识、技能、态度等）、尺度（完成的水平），如表8、表9所示。

表8 评价量表的结构

标题： 任务：			
维度	尺度		
	一级尺度	二级尺度	三级尺度
维度1			
维度2			
维度3			

表9 "推介民间故事"核心任务评价量表（草稿）

标题：在"学科文化周"上，你怎么向大家推介民间故事呢？ 任务：推介民间故事			
维度	尺度		
	没有达标	良好	优秀
是否完成推介			
是否让人印象深刻			
是否体现团队能力			
是否具有推广的价值			

三、反思与总结

我们运用项目式学习来解决教学实践中的问题才刚刚开始，而这一学习和实施的过程，本身也是项目式学习的过程，在这个过程中，我们碰撞出许多新的想法，同时也产生了一些思考：

（一）驱动性问题的设计者不仅限于教师，也可以是学生

学生是项目式学习的主体，邀请学生参与驱动性问题的设计，可以让学生建立目的感，同时激发学生的学习兴趣。

（二）并不是所有的课堂都适合项目式学习

教学方式的变革并不是完全颠覆灌输式、讲授式的教学方式，而是改变原有方式"一统天下"的局面。在进行某个教学环节或某个学科的某个主题方面，传统的教学方式依然具有优势。项目式学习是解决真实问题的综合性教学方式，兼容与创新并存。选择何种教学方法，要视具体情况而定。

（三）项目式学习可以具有区域或校本的特点，并有进一步开发的价值

项目式学习的模式决定了它具有一项目一策的优势，那么在一定的区域或是某一所学校，通过一定时间的实践，是可以形成校本化的。目前，在全国多所学校，基于某一主题的校本化实践呈现百花齐放的局面。随着项目式学习中国化、校本化的不断推进，相信这种方法的效率将会得到提升，也将更能适应中国学生的发展需求。

"学而时习之，不亦说乎。"这句出自两千年前孔子的名言，大家耳熟能详。学习的快乐究竟是什么呢？这不仅是学生要思考的问题，也是教师应该要思考的问题。项目式学习旨在通过让参与者亲身体验项目过程，来提高自己的能力。项目式学习的优劣，也只有通过实践才能体会。"问渠那得清如许？为有源头活水来。"教师在教学中的学习与思考，一定能为其发展指明方向，也一定能惠及学生。

STEAM 教育理念在小学教育中的贯彻思维分析

赵 雪

（贵州省贵阳市甲秀小学）

摘 要：进入 21 世纪，STEAM 教育理念已经融入课程教学，通过一些实践活动，学生可以利用他们在特定环境中学到的知识来解决现实世界中的问题。本文探讨了 STEAM 教育在促进小学教育改进方面的优势、STEAM 教育理念在小学课程中存在的问题及在 STEAM 教育理念下提高小学生创新能力的策略等内容，旨在培养高素质的学生，以及提高教师在课程规划、整合和实施方面的技能。

关键词：STEAM 教育理念；多维化；探索

随着社会和科学技术的飞速发展，基础教育的目标已不再局限于传授学生基础知识和基础技能，而是更加强调促进学生的全面发展和激发其创造力，引导学生培养创新精神和创造能力。STEAM 教育侧重于科学、技术、工程、艺术和数学的整合，并通过基于项目的学习或解决问题的方式将知识应用到这些学科中，引导学生通过创造性思维探索解决问题的方案，培养他们有效利用信息和进行批判性思考的技能。

一、STEAM 教育理念在促进小学教育改进方面的优势

（一）培养小学生的科学素养

从广义上讲，科学有责任促进人的良好发展，科学伦理是科学研究的重要原则，是科学研究的指南针。STEAM 教育可以为小学生在日常活动中形成正确的科学观和伦理价值观提供积极的指导。STEAM 教育支持学生去伪存真，即不盲目追随学术权威，保持独立理性思考，培养小学生的批判性思维和创造性思维。STEAM 教育还可

以帮助小学生树立"真理胜于邪恶"的强大信念，培养小学生尊重他人、尊重生命、关爱生命的良好道德品质。

（二）帮助小学生培养多学科思维能力

传统教育鼓励教师重书本、重课堂，教师通常按教案教书，忽略了外部实践活动的教育价值。在教学中，教师倾向于主动教，学生倾向于被动接受。与传统教育相比，STEAM 教育让学生更加关注项目，让学生通过交流和互动来分析和解决问题，培养学生的多学科思维能力。STEAM 教育中不同的参与者和评估方式也能激发学生对科学研究的兴趣。

（三）帮助小学生培养实践能力

通过实施"双减"政策，推动"五育"发展，STEAM 教育的好处逐渐显现。STEAM 教育强调从单一方法向多学科合作转变，并要求学生运用多样化的思维来解决现实世界中的问题。将 STEAM 教育理念融入小学教育，可以有效地将文化知识的传播与工作技能的发展结合起来。通过尊重每位学生的独特性，为不同年龄的学生提供适当的指导，不仅可以提高学生的实践技能，也可以提高他们对学习的热情。

二、STEAM 教育理念在小学课程中存在的问题

（一）缺乏专业的师资力量和健全的培养机制

在 STEAM 教育理念的指导下培养学生的创新能力，要求教师对 STEAM 教育理念有深刻的理解，并掌握将这一理念融入小学教育的多种方法。此外，教师还需具备相关的专业知识和技能，以确保 STEAM 教育的质量。然而，目前仅有极少数的小学教师接受了系统性的 STEAM 教育培训，且其中许多人尚未深入研究 STEAM 教育的内在价值。因此，能够有效地将 STEAM 教育理念应用于课堂教学的教师资源显得尤为稀缺。

（二）缺乏丰富的学习资源和复杂的硬件设施

虽然 STEAM 教育理念在教育界受到了广泛关注，但这并不意味着团体和学校都支持它。小学的教材不多，国外经常用到的与 STEAM 教育相关的书，并不适用于我国小学生。一些教师自己设计课程，但课程中不注重培养学生的技能，不是真正的 STEAM 课程。STEAM 课程需要有良好的硬件设施，并且非常注重准确的考试成绩，没有实用工具的帮助，很难取得好的教学效果。

三、在 STEAM 教育理念下提高小学生创新能力的策略

（一）利用翻转课堂促进教师专业技能发展

翻转课堂是一种翻转传统课堂的教学模式，学生可以在家中或课前自由地完成原本需要在课堂上完成的学习任务。在这种新的教学模式中，教师通常会为学生准备学习资料或阅读材料，录制相关微课视频。这需要教师小班授课，并使用在线视频和动画软件来吸引学生。同时，根据"双减"政策的要求，教师需要设计好与学生高等教育发展相关的作业，提高作业质量。学生以小组形式讨论学习中遇到和发现的问题，并在教师的指导下评估和解决问题。通过教师和学生之间的这种思考和交流，改变学生参与课堂活动的态度。

（二）课程标准的制定和相关目标的明确

STEAM 教育要求学生通过使用常识、应用重点、解决问题和发挥创造力来学习可以在现实生活中轻松应用的技能。对于数学和科学等学科，重点是建立技术基础，并赋予学生使用技术和艺术来创造产品的能力。每所小学在设定教育目标时都必须以学生为中心。教师可以将历史、艺术等置于情境中，专注于学生技能的培养。

（三）STEAM 教育本土化

STEAM 教育本土化是指根据我国国情、地方实情和学校校情，培养跨学科综合性人才。一方面，STEAM 教育来自美国，如果直接套用美国的经验和模式，后面必然会出现一些弊端。因此，我们要结合我国国情，根据我国小学生的认知规律，利用校园、社区和企业的优质资源发展 STEAM 教育。另一方面，结合我国当前小学生的实际情况，利用 STEAM 教育理念的优势来改变其在传统教育中形成的被动地位，让其表达自己的想法。这不仅符合世界教育改革发展趋势，也能提高我国教育的国际竞争力。

STEAM 教育理念的实施，实质上是引领学生投身实践、体验创造、深化人文底蕴与拓展思维品质。其实践与创新超越学科壁垒和时空界限，让学生在综合课程、动态课堂、互动环境中融合知识、立体渗透、灵活应变、追求真理、传递真知、提高价值，突出学科的本质意义，展现生活本真，不断开拓创新。

参考文献：

[1] 胡畔，蒋家傅，陈子超 . 我国中小学 STEAM 教育发展的现实问题与路径选择 [J]. 现代教育技术，2016，26（8）：22-27.

[2] 杨玉佩 . 小学 STEAM 教育的实践与思考 [J].

创新人才教育，2016（3）：71-75.

[3] 胡卫平，首新，陈勇刚 . 中小学 STEAM 教育体系的建构与实践 [J]. 华东师范大学学报（教育科学版），2017（4）：31-39.

组织积极的语言实践活动

——以《花钟》一文的第二课时教学为例

王 璐

（贵州省贵阳市教师学习与资源中心）

摘 要： 在课堂上组织积极、有效的语言实践活动是教师设计教学、执教课堂的重点，也是难点。在《花钟》一文的第二课时教学中，笔者将学生的学习定位在经历真实、有效的语言实践活动。笔者设计的学习活动均以文本（段落）阅读为基础，在这些阅读实践活动中，学生的语言构建与运用、思维发展与提升等语文核心素养得以全面提高。

关键词： 实践活动；语言训练；素养提升

一、语言实践活动

《义务教育语文课程标准（2011版）》对语文课程性质的描述是：语文课程是一门学习语言文字运用的综合性、实践性课程。因此，在课堂上组织积极、有效的语言实践活动是语文教师设计教学、执教课堂的重点。下面，笔者将以部编版小学语文教科书三年级下册第十三课《花钟》一文的第二课时教学为例，介绍自己的教学方法，与同行进行交流。

《花钟》是部编版小学语文教科书三年级下册第四单元中的一篇精读课文。第四单元围绕"观察与发现"这一人文主题，共编排了三篇课文，分别是精读课文《花钟》《蜜蜂》，略读课文《小虾》。"借助关键语句概括一段话的大意"是第四单元的阅读教学重点，该重点立足小学中学段阅读教学中的段落学习，在前学基础上，进一步提高学生的阅读理解能力。《花钟》一文的第一、二自然段是训练学生掌握"借助关键语句概括一段话的大意"的方法的重要段落。

"借助关键语句概括一段话的大意"这

一教学目标，涉及学生提取关键信息、归纳概括能力的培养。此阅读教学重点中有两个关键词：关键语句、概括大意。在三年级上册，学生就已经接受"准确找出段落关键语句"的训练，如《富饶的西沙群岛》《海滨小城》等课文。通过前面的学习，学生能较准确地"借助关键语句"提取段落主要信息，因此，本单元的能力提升点应放在"概括大意"上。

（一）《花钟》活动一

在导入新课环节，以"说说什么是花钟？"这一问题引导学生在第一课时的基础上，对文本进行整体且较快速度地阅读。活动一在引导学生回顾第一节课时所学内容的同时，进行本节课第一次语言训练——清楚地表达。笔者的设问，看似简单，要说清楚却有一定难度。首先，需要整体把握课文内容；其次，对问题相对应的段落要有一定理解；最后，怎样才叫"说清楚"？教师指导练说的重点在于引导学生抓住主要信息，有条理地表达。

（二）《花钟》活动二

1. 段落阅读

活动二是本课时的重点，即以课文的第一、二自然段为阅读材料，引导学生在阅读实践活动中习得概括段落大意的方法。首先，笔者以问题导入活动，明确活动目标——学习概括段落大意的方法。其

次，将阅读实践活动分两个层次进行：第一自然段学"概括"的方法，第二自然段尝试运用方法。分层活动扶放结合，对于第一自然段，笔者提供问题支架辅助学习，先自由读，找关键句，再根据提示，说说主要意思，在经历两次有目的的阅读之后，推导出概括段落大意的基本方法：①找，②改。对于第二自然段，笔者放手，让学生以小组合作的形式尝试运用方法，概括段落大意。找不难（从三年级上册开始，就已经对学生进行寻找段落中关键句的训练），难的是改，第二自然段的意思较第一自然段复杂，只做简单的"删除"，概括不出大意。因预设了学生的学习难点，笔者设计了小组合作的阅读实践活动，小组内成员互动交流、讨论，笔者在巡视课堂时进行点拨、辅导。活动中，学生是中心，他们在读、找、改、再读、再找、再改的过程中不断思考、交流、揣摩、统一。最终，在第一自然段的基础上，将"概括"的方法进行完善和提升。

2. 探究方法

从第一自然段的"学方法"，到第二自然段的"用方法"，再到"概括大意"的方法总结，笔者的课堂设计用的是推演法，即在真实的阅读实践活动中，让学生经历阅读、思考、试错、调整等学习过程。在这样的语言实践活动中，学生的听、说、

读等能力得到整体提高。

（三）《花钟》活动三

活动三是穿插在第一自然段学习中的一个句式训练活动。在小学中学段的阅读教学中，句式训练是一个重点。活动三紧扣选文中句式的表达特点，让学生在阅读活动中观察语言现象，揣摩用语规律，积累典型句式，练习语言表达。

活动三围绕第一自然段第三句话："凌晨四点，牵牛花……"进行。"读一读，你有什么发现？"笔者以开放式的提问，把学生的目光聚焦到这个长句子上。学生一边读一边思考，倚靠已有的用语经验发现句式表达上的特点：① 按一定的顺序写，从凌晨到晚上；②每个分句都是先写时间，再写花开；③用语丰富、生动。在学生发现以上用语规律的同时，笔者不失时机地指导学生多次读课文。反复读课文的目的是让学生熟悉句式表达、领悟表达效果，在有理解、有发现的读课文过程中积累规范、生动的语言，逐渐实现语言的自我内化，在"说清楚"的基础上，练习"说生动"。接着，笔者出示三幅花开图（牡丹花、向日葵、蝴蝶花），让学生观察花开的不同姿态，进行句子仿说。因为有前面环节的自读、自悟和反复练读，这里稍加强调"观察花开的姿态"，单句仿写对学生来说是水到渠成。为强化积累，笔者提出背

诵第一自然段的学习目标。学生在笔者的指导下进行背诵，如花开的时间提示、插图与文段的对应关系。有了之前一系列的熟读、仿说环节的铺垫，背诵目标的达成度较高。

二、语文素养的提升

语言是思维的外显形式，语言实践的过程也是训练学生思维的过程。在本节课例中，笔者用"发现"这个词来设问：读第一自然段第三句话，你有什么发现？笔者只是提供相应的语段，让学生亲历读文的过程，在与文本对话的真实过程中观察语言现象、探究用语规律。此过程展示了学生在积极动脑思考。

在本节课例中，笔者将学生的学习定位在"经历真实、有效的语言实践活动"。在文本语言——词语、句子、段落的阅读实践中，让学生练习读，读出画面、读出感悟；练习说，说清楚、说生动；练合作，有探讨、有互助；练概括，语言简洁、有归纳……笔者安排的学习活动均以文本为载体，在精心设计的阅读实践活动中促进学生提高其语言表达能力和综合技能水平。

参考文献：

[1] 钟启泉 . 深度学习 [M]. 上海：华东师范大学出

版社，2021.

[2] 王力争，刘历红 . 基于核心素养的结构化教学研究：以银川三沙源上游学校的实践探索为例 [M]. 北京：中国社会科学出版社，2021.

[3] 中国教育科学研究院基础教育课程教材研究中心，徐鹏 . 义务教育课程标准（2022 年版）课例式解读 小学语文 [M]. 北京：教育科学出版社，2022.

论提高小学低学段学生字词学习能力的有效方法

汪 杨

（贵州省贵阳市甲秀小学）

摘 要： 小学语文作为一门语言学科，其中的字词教学是非常重要的部分，学生的字词学习能力对提高其整体语文学习水平具有举足轻重的影响。随着新课改的不断深入，小学低学段学生的识字、认字能力越来越受到关注，语文教师要结合自身教育实践和教学经验，不断探索字词教学的实施策略，切实提高学生的字词学习能力。

关键词： 小学语文；低学段；字词教学；学习能力

字词教学是小学语文教学中的关键板块，也是影响语文教学质量的重要因素，不仅关系到阅读教学的有效性，还影响着学生的写作实践。作为小学生学好语文的第一道关口，字词学习能力的提高已成为当前语文教学的重点内容。因为小学低学段学生的学习能力相对薄弱，字词积累有限，所以在字词学习方面有一定难度。作为一线语文教师，需探索出字词教学的全新实施路径，以促进低学段学生字词学习能力的提高与发展。

一、针对小学低学段学生，提高字词学习能力的实践价值

（一）是提高学生语文核心素养的关键途径

2022 年，语文新课改将传统的三维目标转化为四大核心素养，即文化传承与理解、思维发展与提升、语言构建与运用、审美鉴赏与创造。其中，语言构建与运用直接关系学生的识字、认字能力，影响着学生的语言表达和遣词造句。而其他三个方面的核心素养也和学生的字词能力息息相关，学生只有掌握更多的汉语字词及其

释义，才能更好地感受文本中的审美意境，提高语文思维和逻辑能力，体会文化自信和精神思想。由此可见，学生的字词学习能力是开启语文学习的第一把钥匙，是培育语文核心素养的基础。

（二）是开阔学生语文知识视野的重要举措

语文学科因其本身的延展性和积累性特点，要求学生大量阅读，广泛涉猎多元化的语文知识。因此，学生具备优秀的字词学习能力，能够有效帮助学生提高阅读效率，避免因字词障碍而丧失学习兴趣。在掌握字词的基础上，积累语文知识，感受语文的魅力，从而扩展语文学习的广度与深度。

（三）弘扬中华汉字文化的核心内容

汉字是经过长期演变和发展的文化符号，在每一个汉字背后都蕴含着深厚的文化意蕴，是中华文化的艺术瑰宝。在小学阶段注重培养学生的字词学习能力，让学生在掌握汉字的基础上，感受中华文化的源远流长，体会汉字文化的博大精深。将文化教育寓于识字教学中，培养学生的民族自信，真正实现语文教学工具性和人文性的统一。

二、针对小学低学段学生，提高字词学习能力的实施策略

（一）以科学方法合理引导，培养学生高效的字词学习能力

提高学生的字词学习能力，不能一味地强调学生的自主性而忽视了教师的引导作用。小学低学段的学生正处于养成良好识字、认字习惯，汲取高效识字方法的关键时期。如果此时缺失了教师科学的方法引导，学生很可能会陷入徒劳无功、效率低下的字词学习误区，甚至还会丧失学习兴趣。因此，教师要在日常识字教学中渗透科学的识字、认字方法，让学生借助合理的方法，提高字词学习能力，达到预期的教学任务。

常见的识字、认字方法主要有以下四种，即形象演示法、字形比较法、汉字合成法和自由想象法。教师可以在识字教学中综合运用以上四种方法，提高学生的字词学习能力。以语文课本二年级下册第八课《彩色的梦》一文为例，该文出现了"拉"和"结"这样的动词，教师可以现场演示"拉住某位同学"和"给绳子打结"的动作，帮助学生形象地记忆。在该文中还出现了"苹"这个字，教师可以借助字形比较法加深学生印象，将"平"和"苹"进行对比，解释"平"是形容词，平坦光滑的意思，而加上草字头就和植物有

关系，变成水果——苹果。同样该文中出现的"彩"和"采"，也可以利用字形比较法帮助学生理解和记忆。"森"也是该文的重点字词，教师可以用汉字合成法解读这个字，将"木"组合变成"森"，让学生形象地理解并记忆"森"字的释义。自由想象法是帮助学生大量记忆字词的关键方法，教师可以借助头脑风暴让学生创设情境，将多个词语编排到同一故事里，集中记忆。例如，《彩色的梦》一文中提到的"森""苹""结"等字，学生可以合理联想，"森林里的树上结出了苹果"。将多个字词融合运用，让学生在科学方法的指引下，形成高效的字词学习能力。

（二）以思维导图开拓路径，培养学生多元的字词学习能力

小学阶段的学生思维具有发散性和开拓性的特点，在进行数量庞大的字词学习时，可以借助思维导图有效地激发学生的思维特性。思维导图是文字、线条、图画等多元要素的有效融合，使思维发展更加直观、形象。教师可以在识字教学中引导学生绘制思维导图，将识字的相关内容包含其中，促进学生思维的提升，优化学生的学习习惯，推动其字词学习能力的多元发展。

字词学习的思维导图可以包含以下四个方面，分别是：重点字词梳理、工具书检索、词语延伸、合理语境造句。以语文课本二年级上册识字单元的第四课《田家四季歌》为例，教师可以引导学生绘制识字内容的思维导图。在"重点字词梳理"环节，教师可以引领学生找到文中的重点字词并摘抄下来，如"戴""耕作""喜洋洋"等。在"工具书检索"环节，让学生运用手中的字典，弄清楚字词的读音、偏旁结构以及释义等信息。在"词语延伸"环节，让学生从近义词、反义词、形近字等方面加以延伸，扩展其识字思维的广度，例如"戴"的反义词为"摘"，"耕作"的近义词为"耕种"，"肥"的形近字是"胖"，以此加强学生对字词的联想和记忆。在"合理语境造句"环节，让学生在提高遣词造句能力的基础上，掌握文中重点字词的适用语境和具体含义，如"喜洋洋"一词，学生可以造出"在运动会上取得第一名后，班级中的每一位同学都是喜洋洋的"这样的句子。

借助字词教学的思维导图，学生能够养成善于思考和积累的好习惯，在日常生活中发现重点字词，能够在脑海中迅速形成结构清晰的思维导图，勾勒出字词框架，从多元角度促进字词能力的发展，提高字词学习水平。

（三）以趣味活动激发学生学习兴趣，培养学生灵活的字词学习能力

字词教学不同于阅读教学和写作教学，单一的字词讲解很容易导致课堂氛围枯燥无趣。受传统应试教育的影响，语文的识字教学一直处于语文学习的边缘地位，教师也只是单一地灌输和片面地讲解，忽视了教学的灵活性。为了激发学生的主观能动性，避免学生陷入单一机械的识字学习中，教师要借助游戏化识字教学，引导学生形成灵活多变的字词学习能力，焕发识字教学的活力和创造力。

以语文课本一年级下册识字单元的第四课《猜字谜》为例，教师可以在班级中举办猜字谜大赛，将学过的重点字词，以字谜的方式呈现，让学生以小组为单位进行公平竞赛。例如：十张口，一颗心是"思"；一只狗两个口，谁遇它谁发愁是"哭"。学生在激烈的字词竞赛中掌握字词知识，提高字词学习能力。同样地，可以将课文中的字词进行二次创作，编成朗朗上口的儿歌或者顺口溜，让学生在趣味创作的过程中加以记忆和积累。例如，在学习"澡""操""躁""燥"这四个形近字时，教师可以编成儿歌：用水来洗澡，伸手齐做操，天气很干燥，脾气易暴躁。这不仅将文字的释义涵盖其中，还将形近易混淆的字以儿歌传唱的方式加以区分。这种方式既是一种游戏活动的形式，也是识字教学的具体实践，二者的高效融合符合小学低学段学生的身心发展规律，使学生能够在趣味游戏中形成灵活的字词学习思维，摆脱传统背诵记忆的识字教学桎梏，有效提高学生的字词学习能力。

在小学语文教学体系中，识字教学是不可或缺的重要板块，它影响着学生的整体语文水平和语文核心素养，不仅为语文学习奠定基础，还与其他学科的启蒙教学密切相关。因此，小学阶段的语文教师应当认识到识字教学对低学段学生的重要价值与意义，在日常教学实践中加强方法引导，巧妙运用思维导图，合理开发识字游戏，切实提高学生的字词学习能力。教师还需掌握学生学习的规律，以高效可行的教学策略，助力学生字词学习能力的进步与发展。

参考文献：

[1] 卢思敏. 浅谈小学语文教学中字词的训练与积累 [J]. 新智慧，2019（10）：75.

[2] 陆寒. 浅谈小学语文低段教学中字词的训练与积累 [J]. 新教育时代电子杂志（教师版），2018（18）：63.

[3] 王培福. 小学低段识字教学的有效策略 [J]. 语文教育通讯，2015，862（11）60-61.

投稿须知

　　《学术与实践》是由贵州大学出版社主办、贵州大学学报编辑部编辑出版的综合性人文社会科学理论辑刊，是理论与学术探讨的阵地，是人文社会科学与教育文化研究的平台，欢迎广大专家、学者、校内外师生积极投稿。《学术与实践》征稿范围主要为：有关人文社会科学相关学科（含哲学、文学、历史、法学、经济管理等）的研究论文，教育教学理论与实践、比较教育研究、教育与经济社会等学术文章。

一、稿件要求

　　1. 本刊刊载论文以学术水平为取稿标准，要求问题意识明确，观点凝练，材料充实，论证严谨，结构清晰，文字精练，遵循学术规范，具有创新性。

　　2. 格式要求

　　文章标题： 应简明扼要概括文章主旨，一般不超过 20 字，必要时可以增加副标题。

　　作者署名： 置于文章标题之下，多位作者用逗号分开；作者单位署于作者名下，在小括号内应写明工作单位全称、二级单位、所在省、市及邮编。

　　摘要： 排在作者单位之下，独立成篇，简明、确切地概述主要内容，字数为 200—500。

　　关键词： 排在摘要之下，一般为 3—8 个，关键词之间用分号隔开。

　　正文： 该部分为文章的核心内容，需确保条理清晰、逻辑顺畅，并遵守学术规范和学术道德，字数一般为 4 000—15 000，需把所研究问题论述清楚。

　　基金项目： 需详细注明课题类型（如国家社会科学基金项目、教育部人文社会科学研究项目）、课题级别（如重大项目、重点项目、一般项目、青年项目）、课题获批时间、课题名称及课题编号。格式如下：国家社会科学基金 2018 年度重大项目"*** 研究"（编号：***）。

　　作者简介： 排在首页地脚处，包括作者姓名、性别、民族、籍贯、学位（学历）、所在单位、职务职称等。

注释：排在当页地脚处，用于对文章某一特定内容作出解释和补充说明，文中用数字加圈上角标注（如①②……）。

参考文献：采用顺序编码制，详见《〈学术与实践〉常见参考文献著录格式》。

二、本刊声明

1. 本刊对所发表文章具有复制权、发行权、汇编权、翻译权及信息网络传播权。如有异议，请书面告知本刊。

2. 对于所有即将发表的稿件，在不影响原作者观点的情况下，本刊有权作必要的删改。

3. 本刊已被中国知网、维普资讯全文收录，所有署名作者向本刊提交文章发表之行为均视为同意被上述单位收录，如有异议或不同意文章被上述单位收录，请在投稿时说明。

三、联系方式

投稿邮箱：xssj@gzu.edu.cn

联系电话：（0851）83621708；（0851）83621720

常见参考文献著录格式

采用顺序编码制，同一文献被多次引用只用一个序号。不采用著者 - 出版年制，正文中不宜出现类似"（张××，2017）"标记，也请勿使用自动生成、自动插入格式。具体要求如下：

一、著作、已出版会议论文集（辑刊）、统计资料汇编（年鉴）、学位论文、报告

［序号］著（作）者．文献题名［文献类型标识］．出版地：出版者，出版年：页码。示例：

［1］王文岭．晓庄师范与民国乡村建设［M］．南京：河海大学出版社，2017：80.

二、期刊文章

［序号］作者．文献题名［J］．刊名，年，卷（期）：起止页码。示例：

［1］陈杰山．关于分层教学的初步探讨［J］．当代职业教育，2014（6）：33-36.

三、报纸文章

［序号］作者．文献题名［N］．报纸名，出版日期（版次）．示例：

［1］李强．中国法教义学的"价值自觉"［N］．中国社会科学报，2016-11-16（5）.

四、电子资源

［序号］作者．电子文献题名［电子文献和载体类型标识］．（发表日期）［引用日期］．电

子文献出处。示例：

[1] 习近平 . 把生态文明制度的"四梁八柱"建立起来［EB/OL］.（2018-03-04）
［2018-04-11］. http://cpc.people.com.cn.

五、著作、已出版会议论文集（辑刊）中的析出文献

［序号］析出文献著（作）者 . 析出文献题名［文献类别］// 原文献主要责任者 . 原文
献题名 . 出版地：出版者，出版年：起止页码。示例：

[1] 白书农 . 植物开花研究［M］// 李承森 . 植物科学进展 . 北京：高等教育出版社，
1998：146-163.

六、尚未出版的会议论文集中的析出文献

［序号］析出文献著（作）者 . 析出文献题名［C］// 会议主题名，年月日，承办单位名
称，承办单位所在地 . 会议发起单位所在地：会议发起单位名称，年份：起止页码 . 示例：

[1] 陈骏 . 做好立德树人大文章［C］// 高校・学科・育人：高等教育现代化—2017 年
中国高等教育学会年会暨高等教育国际论坛，2017-07-05，中国人民大学，北京 . 北京：中
国高等教育学会，2017：15-19.